Mistrzostwo na Polu Bitwy

Lukasz Dziewiecki

Contents

Rozdział 1: Podstawy podstaw: Jak nie zginąć w pierwszej minucie (serio!) 5

Rozdział 2: Polskie czołgi lekkie: Jak być najbardziej irytującym zwiadowcą na mapie 7

Rozdział 3: "Mamo, kupiłem 25TP KSUST!" - przewodnik po pierwszym polskim czołgu średnim 11

Rozdział 4: Taktyka "niewidzialnego ninja" na 14TP 15

Rozdział 5: CS-53 - jak zostać królem wzgórza 18

Rozdział 6: Sztuka kamuflażu, czyli jak się chować za krzakiem wielkości czołgu 21

Rozdział 7: CS-63 - dryftowanie po polu bitwy 25

Rozdział 8: Jak przeżyć spotkanie z artylerią (i nie dostać szału) 28

Rozdział 9: 40TP Habicha - przyjaciel każdego początkującego .31

Rozdział 10: "Help! Mój czołg się cofa pod górę!" - poradnik jazdy 34

Rozdział 11: 45TP Habicha - średniak z charakterem 37

Rozdział 12: Komunikacja zespołowa, czyli jak przekazać, że wróg jest TU! NIE TAM! TU!!! 40

Rozdział 13: 50TP prototyp - sztuka strzelania zza węgła 43

Rozdział 14: Ekonomia w grze, czyli jak nie zbankrutować kupując złote pociski 46

Rozdział 15: 53TP Markowskiego - poradnik cierpliwego snajpera 49

Rozdział 16: Mapy i miejscówki - gdzie się chować, a gdzie szarżować 52

Rozdział 17: 60TP Lewandowskiego - jak być młotem polskiej nacji 55

Rozdział 18: Jak nie wpaść w panikę, gdy zostało ci 1 HP 58

Rozdział 19: DS PZInż - pierwszy krok w świat polskich niszczycieli 61

Rozdział 20: Podstawy celowania - nie, crosshair nie jest ozdobą 64

Rozdział 22: Spoty dla leniwych - miejsca, gdzie możesz drzemać i wygrywać 70

Rozdział 23: Jak zostać MVP nie robiąc nic 74

Rozdział 24: Psychologia wroga - jak doprowadzić przeciwnika do szału 77

Rozdział 25: Taktyki drużynowe - bo jednak sam nie wygrasz ... 80

Rozdział 26: Jak przetrwać na otwartej przestrzeni (spoiler: nie da się) 83

Rozdział 27: Czołgi premium - wydawać czy nie wydawać? 86

Rozdział 28: Jak grać przeciwko lepszym czołgom (i nie płakać) 89

Rozdział 29: Top 10 najgłupszych błędów początkujących 92

Rozdział 30: Jak nie stracić całego zdrowia w pierwszej minucie 95

Rozdział 31: Binokle, apteczki i gaśnice - twoi najlepsi przyjaciele 98

Rozdział 32: Skill vs. Pay2Win - co naprawdę decyduje o zwycięstwie 100

Rozdział 33: Jak nie być "tym gościem" w drużynie 103

Rozdział 34: Rozgrywki klanowe dla opornych 106

Rozdział 35: Jak wykorzystać czat głosowy (i nie dostać bana) 109

Rozdział 36: Podstawy targetu - kogo zabijać pierwszego 112

Rozdział 37: Mistrzowskie uniki - jak tańczyć czołgiem 114

Rozdział 38: Jak nie dać się zatrollować 117

Rozdział 39: Survivability - sztuka przetrwania 120

Rozdział 40: Końcowa mądrość - jak się nie zdenerwować grając w WoT 123

Rozdział 41: Jak stać się legendą World of Tanks (albo przynajmniej nie być memem) 125

Rozdział 42: Po co nam statystyki, czyli liczby które udają, że coś znaczą 128

Rozdział 1: Podstawy podstaw: Jak nie zginąć w pierwszej minucie (serio!)

Siema czołgiści! Jeśli czytasz ten rozdział, to prawdopodobnie jesteś jednym z tych nieszczęśników, którzy ciągle giną w pierwszej minucie bitwy. Spokojnie, wszyscy przez to przechodziliśmy! No dobra, może nie wszyscy... ale na pewno większość z nas (zwłaszcza ja, który w pierwszej bitwie wjechałem do jeziora, bo myślałem, że to skrót).

PODSTAWOWA ZASADA NUMER 1 (tak ważna, że piszę capslockiem): NIE WYJEŻDŻAJ NA ŚRODEK MAPY KRZYCZĄC "LEEEEEROOOY JEEEENKIIINS!" Tak, wiem, że to kuszące. Tak, wiem, że widziałeś fajny filmik na YouTubie, gdzie ktoś tak zrobił i zabił 5 czołgów. Ale uwierz mi - ten ktoś pewnie próbował tego 999 razy zanim mu się udało. Pozostałe 998 razy skończył jako dymiący wrak w pierwszych 30 sekundach.

Zamiast tego, oto twój SUPER-TAJNY plan przetrwania pierwszej minuty:

Wyjdź z bazy (to akurat powinieneś umieć)
NIE jedź tam, gdzie jadą wszyscy (tak, wiem, że to brzmi jak rada twojej mamy "a jakby wszyscy skoczyli z mostu...")
Znajdź najbliższy krzak/budynek/górę
POWOLI wyjrzyj zza niego (tak jak sprawdzasz, czy nauczycielka jest już w klasie)
"Ale Ekspercie, to brzmi strasznie nudno!" - możesz powiedzieć.
I wiesz co? Masz rację! Ale wiesz co jest jeszcze bardziej nudne? Siedzenie w garażu i patrzenie jak twoja drużyna gra bez ciebie, bo ty już zdążyłeś zginąć.

NAJCZĘSTSZE BŁĘDY NOOBÓW (czyli nas wszystkich na początku):
"O! Czerwony czołg! Muszę go NATYCHMIAST zestrzelić!" - Nie, nie musisz. Zwłaszcza jeśli to Maus, a ty jedziesz małym TKS z karabinem maszynowym.
"Ta polanka wygląda przyjaźnie!" - Nie, nie wygląda. To pułapka. Zawsze.

"Pojadę prosto na ich bazę!" - Super plan! Szkoda tylko, że dokładnie to samo pomyślało 14 innych graczy przed tobą, i ich wraki właśnie tworzą malowniczą ścieżkę do tej bazy.

JAK NAPRAWDĘ PRZEŻYĆ PIERWSZĄ MINUTĘ:
Wyobraź sobie, że twój czołg to jajko. Tak, zwykłe jajko. A pole bitwy to betonowy parking. Jak byś się poruszał, gdybyś był jajkiem na betonie? Ostrożnie, prawda? No właśnie!

ZŁOTA ZASADA: Jeśli widzisz więcej niż 3 czerwone czołgi na raz - coś robisz źle. Bardzo źle. Prawdopodobnie powinieneś już pisać testament.

PRAKTYCZNE PORADY:
Używaj mapy (to ten kwadratowy obrazek w rogu ekranu, nie jest tam dla dekoracji)
Naucz się klawiszy szybkiego naprawiania (bo uwierz mi, będziesz ich potrzebował)
Nie strzelaj do sojuszników (tak, to się wydaje oczywiste, ale uwierz - nie jest)

NAJBARDZIEJ EPICKIE SPOSOBY NA ZGINIĘCIE W PIERWSZEJ MINUCIE (proszę nie powtarzać):
"Challenge accepted" - próba staranowania czołgu ciężkiego lekkim czołgiem
"Jestem niewidzialny!" - wjechanie na środek mapy w polskim czołgu 4TP
"Skrót przez wodę" - bo przecież czołgi pływają, prawda? (nie, nie pływają)
"Ale z górki będę miał lepszy widok!" - tak, i wszyscy będą mieli lepszy widok na ciebie

SEKRETNA TECHNIKA MISTRZÓW: Wiesz co robią najlepsi gracze w pierwszej minucie? NIC. Dosłownie nic. Siedzą, obserwują, piją herbatkę (może nie dosłownie). Czekają aż wszyscy idioci... przepraszam, odważni wojownicy... wyjadą na środek i się wzajemnie rozwalą.

PODSUMOWANIE (dla tych, którzy dotrwali do końca):
Nie bądź bohaterem w pierwszej minucie
Krzaki są twoimi przyjaciółmi
Jeśli myślisz "to się nie może nie udać" - to się na pewno nie uda
Lepiej być żywym tchórzem niż martwym bohaterem

NAPRAWDĘ nie wjeżdżaj do wody
I pamiętaj - nie ma nic złego w tym, że przeżyjesz pierwszą minutę. To nie jest konkurs na "najszybsze wprowadzenie czołgu do garażu". A jeśli ktoś ci mówi, że jesteś tchórzem - przypominaj sobie, że on właśnie ogląda bitwę z garażu, a ty wciąż grasz!

PS. Jeśli mimo wszystko zginąłeś w pierwszej minucie czytając ten poradnik - cóż, przynajmniej było zabawnie! Zawsze możesz spróbować jeszcze raz. I jeszcze raz. I jeszcze raz... (tak, to jest uzależniające)

Rozdział 2: Polskie czołgi lekkie: Jak być najbardziej irytującym zwiadowcą na mapie

DZIENNIK MŁODEGO ZWIADOWCY (CZYLI JAK DOPROWADZIĆ WROGA DO SZAŁU)

Dzień 1: Drogi Pamiętniku, Dziś dostałem swojego pierwszego 4TP. Wygląda jak puszka po kukurydzy, ale podobno potrafi jeździć. Instruktor powiedział, że to czołg zwiadowczy. Spytałem, co to znaczy. Odpowiedział: "To znaczy, że będziesz wkurzał ludzi za pieniądze." Brzmi świetnie!

Dzień 2: PODSTAWOWE ZASADY BYCIA WKURZAJĄCYM ZWIADOWCĄ:
- Jeździj jak małpa po Red Bullu
- Nigdy nie jedź prosto
- Udawaj, że masz ADHD
- Kręć się w kółko jak pies goniący własny ogon
- Krzycz "nie trafisz, nie trafisz!" (najlepiej na czacie)

CZEGO NIE ROBIĆ (chyba że chcesz szybko wrócić do garażu): ✗ Stać w miejscu dłużej niż 0.5 sekundy
✗ Jechać przewidywalnie
✗ Próbować walczyć z czołgami cięższymi (to nie jest film o Davidzie i Goliacie)

✗ Myśleć, że twój pancerz cokolwiek zatrzyma (może zatrzymać deszcz, i to nie zawsze)

PROGRESSION PATH OF PAIN (czyli jak ewoluować w najbardziej irytującego gracza):
4TP -> 7TP -> 10TP -> 14TP

Każdy z tych czołgów ma swoją supermoc w doprowadzaniu wroga do szału:

4TP - "Mały Diabełek":
- Rozmiar: Mikroskopijny
- Szybkość: Jak spanikowany chomik
- Pancerz: Papierowy
- Specjalna zdolność: Bycie tak małym, że wróg marnuje całą amunicję próbując cię trafić

7TP - "Średni Rozrabiaka":
- Nadal mały, ale już potrafi ugryźć
- Perfekcyjny do podjazdu i krzyczenia "bu!"
- Specjalność: Kręcenie bączków wokół większych czołgów

10TP - "Professional Pain in the Tank":
- Szybszy niż myśli większości graczy
- Potrafi strzelać w biegu (czasami nawet trafia!)
- Idealny do wykonywania drive-by shootingów

14TP - "Ultimate Troll Machine":
- Tak szybki, że czasami wyprzedza własny cień
- Może jeździć kółka wokół wszystkiego co się rusza
- Perfekcyjny do wysyłania całej wrogiej drużyny na terapię antystresową

SEKCJA SUPER-TAJNYCH TECHNIK:
"Taniec Deszczu":
- Jedź zygzakiem
- Podskakuj na każdym pagórku
- Kręć wieżyczką jak szalony
- Rezultat: Przeciwnik wyrzuca klawiaturę przez okno

"Ninja Spotter":
- Znajdź krzak
- Oznacz wroga
- Zmień krzak
- Powtarzaj aż wróg zacznie strzelać we wszystkie krzaki na mapie

"Zabawa w Chowanego":
- Pokaż się wrogowi
- Zniknij
- Pokaż się z innej strony
- Powtarzaj aż usłyszysz przekleństwa na czacie

ZŁOTE MYŚLI DOŚWIADCZONEGO ZWIADOWCY:
"Nie jestem tchórzem, jestem taktycznym relokaterem." "To nie ucieczka, to strategiczny odwrót." "Nie kręcę się w kółko, wykonuję zaawansowany manewr zwiadowczy." "Nie jestem mały, jestem aero-dynamicznie zoptymalizowany."

SKALA WKURZENIA PRZECIWNIKA (mierzona w rzuconych padami):
- Lekko zirytowany - Tylko wzdycha
- Średnio wkurzony - Uderza w biurko
- Mocno wkurzony - Krzyczy do mikrofonu
- Ultra wkurzony - Pisze caps lockiem na czacie
- MAXIMUM RAGE - Instaluje Minecraft

JAK MIERZYĆ SWÓJ SUKCES:
- Liczba otrzymanych raportów
- Ilość capslocka na czacie
- Liczba graczy, którzy próbowali cię taranować
- Ilość wystrzelonych w ciebie pocisków (które nie trafiły)

ACHIEVEMENT UNLOCKED:
- 🏆 "Master of Annoyance" - Spraw, by cała drużyna przeciwna cię goniła
- 🏆 "Shadow Warrior" - Przetrwaj całą bitwę bez bycia trafionym
- 🏆 "Rage Inducer" - Zdobądź 10 raportów w jednej bitwie
- 🏆 "Professional Mosquito" - Oznacz wszystkich przeciwników bez otrzymania obrażeń

KOŃCOWE SŁOWA MĄDROŚCI: Pamiętaj, młody padawanie zwiadowczy - twoja rola nie polega na zadawaniu obrażeń (chociaż czasem się zdarza), ale na doprowadzaniu wroga do stanu, w którym zacznie strzelać do własnych czołgów z frustracji. Jeśli usłyszysz "GDZIE JEST TEN MAŁY @#$%^&", znaczy to, że wykonujesz swoją pracę perfekcyjnie.

PS. Jeśli ktoś nazwie cię "noobem" - odpowiedz "dziękuję" i kontynuuj swoją misję. W końcu nie ma nic bardziej frustrującego niż noob, który właśnie sprawił, że zmarnowałeś całą amunicję!

Rozdział 3: "Mamo, kupiłem 25TP KSUST!" - przewodnik po pierwszym polskim czołgu średnim

INSTRUKCJA OBSŁUGI 25TP KSUST (czyli jak nie zbankrutować na naprawach)

GRATULACJE! Właśnie zostałeś dumnym właścicielem pierwszego polskiego czołgu średniego! (albo wkrótce nim zostaniesz, jeśli nadal zbierasz kredyty grając swoim 4TP)

⚠️ UWAGA! PRZECZYTAJ PRZED UŻYCIEM! ⚠️ Ten pojazd może powodować:
- Nagłe ataki śmiechu u przeciwników
- Częste wizyty w wirtualnym warsztacie
- Niekontrolowane wybuchy frustracji
- Uzależnienie od apteczek
- Chroniczny brak kredytów
- Potrzebę tłumaczenia się przed teamem

FAQ (Frequently Asked Questions, czyli "Co mi się znowu popsuło?"):
P: Dlaczego mój 25TP się pali? O: Bo to wtorek. Albo środa. Albo każdy inny dzień kończący się na 'k'.
P: Czy mogę pokonać IS-3? O: Teoretycznie tak. Teoretycznie możesz też wygrać w lotka.
P: Jak często powinienem naprawiać gąsienice? O: Tak.

PORADNIK PRZETRWANIA W 25TP:
Rozdział A: Podstawowe manewry
- "Udawaj czołg"
- Stań prosto
- Wyglądaj groźnie
- Módl się, żeby nikt nie strzelił
- "Taktyczny odwrót"
- Odwróć się tyłem
- Wciśnij W

- BIEGNIJ FORREST, BIEGNIJ!
- "Ninja mode"
- Znajdź największy krzak
- Schowaj się za nim
- Udawaj, że jesteś jego częścią

WIELKA KSIĘGA WYMÓWEK 25TP: (do wykorzystania na czacie drużynowym)
- "To nie bug, to feature!"
- "Celownik mi się zaciął"
- "Słońce świeciło mi w monitor"
- "Kot przebiegł mi po klawiaturze"
- "To była taktyczna śmierć"
- "Testowałem pancerz przeciwnika"
- "Sprawdzałem czy przeciwnik ma załadowane działo"

SEKRETY BOJOWE: (zapisz je krwią na swoim monitorze)
ZASADA PIERWSZA: Jeśli widzisz coś większego od siebie (czyli praktycznie wszystko) - udawaj martwego.
ZASADA DRUGA: Twój pancerz jest jak mokra tektura - używaj go tylko do zatrzymywania deszczu.
ZASADA TRZECIA: Twoje działo to nie żart! (Chociaż przeciwnicy często się śmieją)

CODZIENNY HARMONOGRAM 25TP:
06:00 - Pobudka, sprawdzenie czy wszystko się jeszcze trzyma kupy
06:01 - Naprawa tego, co się nie trzyma
06:30 - Pierwsza bitwa
06:31 - Pierwsza śmierć
06:32 - Czekanie w garażu
07:00 - Próba numer 2 [...]
23:59 - Nadal próbujemy

SŁOWNIK UŻYTKOWNIKA 25TP:
Pancerz - mityczna substancja, której podobno użyto przy konstrukcji

Mobilność - zdolność do szybkiej ucieczki
Celność - pojęcie czysto teoretyczne
Penetracja - coś, o czym możesz pomarzyć
Naprawa - twój najlepszy przyjaciel
Garaż - drugi dom

PORADY EKSPERTÓW: (eksperci nie ponoszczą odpowiedzialności za te porady)
Jak strzelać:
- Wyceluj
- Zamknij oczy
- Módl się
- Strzel
- Otwórz oczy
- Sprawdź czy coś trafiłeś
- Powtórz do skutku

Jak się poruszać:
- Zygzakiem (zawsze!)
- Nigdy prostą linią
- Najlepiej w kierunku najbliższej kryjówki
- Jeśli nie ma kryjówki - patrz "Taktyczny odwrót"

MOTYWACYJNE CYTATY DLA ZAŁOGI 25TP:
"Nie ważne ile razy cię zniszczą, ważne ile razy się naprawisz"
"Każdy strzał, który cię nie zabił... i tak pewnie uszkodził moduł"
"Nie ma złej pozycji strzeleckiej, są tylko złe decyzje życiowe"
"Lepiej być tchórzliwym 25TP niż martwym bohaterem"

KOŃCOWE WSKAZÓWKI:
- Zawsze miej przygotowaną wymówkę
- Apteczki to nie luksus, to konieczność
- Zestaw naprawczy to twój najlepszy przyjaciel
- Krzaki to twój naturalny habitat
- Ucieczka to nie wstyd, to strategia

I NAJWAŻNIEJSZE: Pamiętaj, że 25TP to nie czołg, to styl życia. Styl życia pełen bólu, cierpienia i occasional momentów chwały (zwykle tuż przed kolejną awarią).
PS. Jeśli po przeczytaniu tego poradnika nadal chcesz jeździć 25TP - gratulacje! Jesteś albo bardzo odważny, albo bardzo głupi. W obu przypadkach świetnie się wpiszesz w społeczność użytkowników tego czołgu!

Rozdział 4: Taktyka "niewidzialnego ninja" na 14TP

ŚCIŚLE TAJNY PODRĘCZNIK NINJA (znaleziony w starym garażu, lekko przypalony i poplamiony herbatą)

RAPORT TERENOWY #2137 Status: Bardzo tajne Autor: Mistrz Ninja Czołgowy Pierwszej Klasy
Temat: Jak być niewidzialnym w czołgu wielkości małej szopy

WSTĘP DO SZTUKI NINJA: Drogi Uczniu, Jeśli czytasz ten tekst, oznacza to, że jesteś gotów poznać pradawne tajniki bycia niewidzialnym w 14TP. Tak, wiem co myślisz - "Ale jak mam być niewidzialny w czołgu?!" Cóż, młody padawanie, wszystko jest możliwe, jeśli tylko uwierzysz... i nauczysz się odpowiednich tricków.

CZĘŚĆ I: PODSTAWOWE TECHNIKI KAMUFLAŻU
Zasada #1: "Jesteś tym, co cię nie widać"
- Krzak nie jest twoim wrogiem
- Krzak jest twoim domem
- Krzak jest twoją matką
- Krzak jest twoim ojcem
- Bądź krzakiem

Zasada #2: Ruch jest życiem (ale bezruch jest niewidzialnością)
- Poruszaj się jak kot
- Albo jak ninja
- Albo jak kot-ninja
- Najlepiej wcale się nie ruszaj

CZĘŚĆ II: ZAAWANSOWANE TECHNIKI NINJA
- TECHNIKA "ZNIKAJĄCEGO PIEROGA":
- Znajdź krzak
- Wjedź w krzak
- ???
- Profit!

TECHNIKA "GDZIE ON JEST?!":
- Pokaż się wrogowi na 0.1 sekundy
- Zniknij
- Zmień pozycję
- Słuchaj przekleństw na czacie
- Powtórz

TAJEMNE ZWOJE KAMUFLAŻU:

📜 Zwój Pierwszy: "Sztuka Udawania Krzaka"
- Stój nieruchomo
- Nie mrugaj
- Udawaj, że fotosyntetyzujesz
- Szepnij "jestem krzakiem" trzy razy

📜 Zwój Drugi: "Technika Cienia"
- Znajdź cień
- Stań w cieniu
- Bądź cieniem
- Medytuj o ciemności

CZĘŚĆ III: NINJA FAQ
P: Co robić gdy mnie wykryją? O: Panikuj z godnością.
P: Co jeśli nie ma krzaków? O: To mit. Krzaki są wszędzie. Jeśli nie widzisz krzaków, to znaczy że ty jesteś krzakiem.
P: Co zrobić gdy arty celuje we mnie? O: Zacznij się modlić. W języku ninja.

CZĘŚĆ IV: CODZIENNY TRENING NINJA
Poranek:
- 100 przysiadów w czołgu
- 50 obrotów wieżyczką
- 5 minut medytacji o byciu niewidzialnym
- Śniadanie (opcjonalne, prawdziwy ninja żywi się światłem księżyca)

Popołudnie:
- Ćwiczenie kamuflażu
- Praktyka cichego strzelania

- Nauka języka krzaków
- Medytacja o penetracji pancerza

CZĘŚĆ V: MANTRY CZOŁGOWEGO NINJA
Powtarzaj codziennie:
- "Jestem jednością z krzakiem"
- "Mój pancerz jest jak wiatr - nie można go trafić"
- "Celownik wroga mnie nie widzi"
- "Jestem cieniem między cieniami"

CZĘŚĆ VI: WYPOSAŻENIE NINJA
Niezbędnik:
- Lornetka (bo ninja musi widzieć wszystko)
- Apteczka (nawet ninja czasem oberwie)
- Zestaw naprawczy (bo ninja dba o swoje narzędzia)
- Gaśnica (bo lepiej nie płonąć)
- Kamuflaż premium (jeśli mama pozwoli użyć karty kredytowej)

CZĘŚĆ VII: ZNAKI OSTRZEGAWCZE
- Jeśli widzisz:
- Czerwone kropki na minimapie = źle
- Spadające pociski arty = bardzo źle
- Lecącego w twoją stronę TOG-a = ultra źle
- Całą drużynę przeciwną patrzącą w twoją stronę = czas zmienić serwer

CZĘŚĆ VIII: TAJNE KODY NINJA
- Gdy ktoś napisze na czacie: "Gdzie on jest?" = Twój kamuflaż działa
- "#@$%^&*" = Jesteś mistrzem ninja
- "Hakier!" = Osiągnąłeś oświecenie
- "Zgłoszony" = Dostałeś honorowy czarny pas

CZĘŚĆ IX: STOPNIE WTAJEMNICZENIA
Poziom 1: Młody Krzaczek
- Umie się chować
- Czasami przeżywa
- Często wpada na drzewa

Poziom 2: Adept Cienia
- Potrafi strzelić i uciec
- Zna podstawowe przekleństwa
- Rzadziej wpada na drzewa

Poziom 3: Mistrz Niewidzialności
- Nikt go nie widzi
- Wszyscy go nienawidzą
- Ma własny krzak

KOŃCOWE SŁOWA MĄDROŚCI:
Pamiętaj młody ninja, że:
- Bycie niewidzialnym to stan umysłu
- Krzak to nie tylko roślina, to styl życia
- Jeśli cię widzą, robisz coś źle
- Jeśli cię nie widzą, prawdopodobnie już nie żyjesz
- Zawsze jest jakiś krzak w zasięgu

PS. Jeśli ten podręcznik wpadnie w ręce wroga, zjedz go. Jeśli nie możesz go zjeść, spal go. Jeśli nie możesz go spalić, powiedz że to fejk i nigdy nie widziałeś tego tekstu.

Z poważaniem, Twój Mistrz Ninja (podpis nieczytelny, prawdopodobnie pisany podczas jazdy w 14TP)

Rozdział 5: CS-53 - jak zostać królem wzgórza

OFICJALNY PAMIĘTNIK REKRUTA Z ELITARNEJ JEDNOSTKI CS-53
(znaleziony pod poduszką w koszarach)
Dzień 1: Pierwsze spotkanie Drogi Pamiętniku, Dziś dostałem swój pierwszy CS-53. Instruktor powiedział, że to "król średnich

wzgórz". Spytałem, co to znaczy. Odpowiedział: "To znaczy, że jesteś za słaby na duże wzgórza, ale za mocny na małe". Super, już czuję się wyjątkowy...
NOTATKA NA MARGINESIE: Lista rzeczy do zrobienia: ✓ Nauczyć się, która strona to przód ✓ Znaleźć hamulec ✗ Przestać wpadać na drzewa ✗ Nauczyć się celować
Dzień 2: Lekcja pierwsza - PODSTAWY GEOGRAFII DLA CZOŁGISTÓW
RODZAJE WZGÓRZ:
Wzgórze przyjazne:
Ma łagodne zbocze
Ma dobry kąt ostrzału
Nie ma tam artylerii przeciwnika
Wzgórze wrogie:
Wszystkie pozostałe wzgórza
Zwłaszcza te, na których właśnie jesteś
QUIZ TERENOWY: P: Jak poznać dobre wzgórze? O: Jeśli jeszcze żyjesz po wjechaniu na nie, to było dobre.
Dzień 3: Odkrycia naukowe
TEORIA WZGLĘDNOŚCI CS-53:
Gdy jedziesz w górę - jesteś wolny jak ślimak
Gdy jedziesz w dół - jesteś szybki jak błyskawica
Gdy się obracasz - jesteś baletnicą
PRAWA FIZYKI CS-53:
Prawo grawitacji: Wszystko co wjeżdża na górę, musi z niej zjechać (zazwyczaj w najmniej odpowiednim momencie)
Prawo bezwładności: CS-53 w ruchu pozostanie w ruchu, nawet jeśli bardzo chcesz się zatrzymać
Prawo Murphy'ego: Jeśli coś może pójść nie tak, to na pewno pójdzie nie tak, właśnie gdy celuje w ciebie enemy
Dzień 4: Poradnik Przetrwania
ZASADY KRÓLA WZGÓRZA:
§1. ZŁOTA ZASADA: "Kto na górze, ten ma rację" (chyba że przeciwnik ma lepsze działo, wtedy racja jest po jego stronie)
§2. SREBRNA ZASADA: "Lepiej być żywym tchórzem na dole, niż martwym bohaterem na szczycie"

§3. BRĄZOWA ZASADA: "Jak się nie ma co się lubi, to się siedzi za kamieniem"
TAKTYCZNY SŁOWNIK CS-53:
"Hull down" - pozycja, w której pokazujesz tylko wieżę (ale i tak ktoś zawsze trafi w kadłub)
"Side scraping" - technika pokazywania boku pod kątem (zwykle kończy się pokazaniem całego boku)
"Peek-a-boom" - wyjrzenie zza rogu i wystrzelenie (często tylko pierwsze się udaje)
Dzień 5: Dziennik Bitewny
TYPOWY DZIEŃ CS-53:
08:00 - Pobudka, sprawdzenie czy wszystkie moduły działają 08:15 - Odkrycie, że połowa modułów nie działa 08:30 - Naprawa tego co się da 09:00 - Pierwsza bitwa 09:01 - Pierwszy strzał 09:02 - Pierwsza naprawa 09:03 - Druga naprawa 09:04 - PANIKA 09:05 - Taktyczny odwrót 09:06 - Strategiczna zmiana pozycji (ucieczka)
Dzień 6: Przewodnik Survivalowy
JAK PRZETRWAĆ NA WZGÓRZU:
POZIOM REKRUT:
Znajdź wzgórze
Wjedź na wzgórze
Nie spadnij z wzgórza
Módl się
POZIOM ZAAWANSOWANY:
Znajdź DOBRE wzgórze
Wjedź na nie BEZ zderzenia z drzewem
Faktycznie TRAF coś ze szczytu
Przeżyj dłużej niż 2 minuty
POZIOM EKSPERT:
Wszystko powyższe
Z zamkniętymi oczami
Pod ostrzałem
W czasie burzy
Z zepsutym silnikiem
Dzień 7: Wnioski Końcowe
CZEGO NAUCZYŁEM SIĘ W PIERWSZY TYDZIEŃ:

CS-53 to nie czołg, to styl życia
Wzgórza są twoimi przyjaciółmi (dopóki nie spadniesz)
Grawitacja zawsze działa (zwłaszcza gdy nie chcesz)
Kamuflaż jest przereklamowany (i tak cię znajdą)
Apteczki nigdy nie ma za dużo
Zespół jest ważny (zwłaszcza gdy potrzebujesz mięsa armatniego)
KOŃCOWE PRZEMYŚLENIA:
Drogi Pamiętniku, Po tygodniu w CS-53 mogę powiedzieć jedno - to nie jest czołg dla osób o słabych nerwach. To jest czołg dla:
Optymistów (bo zawsze może być gorzej)
Masochistów (bo będzie gorzej)
Filozofów (bo często będziesz pytać "dlaczego ja?")
Poetów (bo przeklinanie wymaga kreatywności)
Sportowców (bo będziesz dużo biegać... znaczy się, jeździć w tył)
PS. Jeśli ktoś pyta, czy warto kupić CS-53, odpowiedz: "To zależy czy lubisz góry... i czy góry lubią ciebie."
PPS. Jeśli to czyta mój dowódca - wszystkie podobieństwa do prawdziwych osób i wydarzeń są przypadkowe, a zniszczenia w bazie to sprawka wrogich szpiegów.
PPPS. Jeśli to czyta wróg - i tak nie trafisz.
Z poważaniem, Rekrut [OCENZUROWANO] (podpis nieczytelny z powodu drżących rąk)

Rozdział 6: Sztuka kamuflażu, czyli jak się chować za krzakiem wielkości czołgu

TAJNY PROGRAM SZKOLENIOWY POLSKICH SIŁ SPECJALNYCH
(znaleziony w koszu na śmieci obok paczki po chipsach)
KURS: "Jak być niewidzialnym, gdy wszyscy cię widzą" FORMAT: Reality Show PROWADZĄCY: Generał Krzak von Drzewowski
[TRANSKRYPCJA NAGRANIA]
ODCINEK 1: "Witajcie w Czołgowym Top Model!"

Generał Krzak: Witajcie rekruci! Dzisiaj nauczymy się jak sprawić, by 40-tonowa maszyna stała się niewidzialna!
Uczestnik 1: Ale panie generale, nasz czołg jest większy niż ten krzak... Generał: CISZA! Krzak to stan umysłu!
[ROZPOCZYNA SIĘ SHOW]
RUNDA 1: "Pokaż się od najlepszej strony"
Generał ocenia uczestników: 👍 "Pięknie się pan wtopił w to pole minowe!" 👎 "Stanie na środku mapy to NIE kamuflaż!" 😲 "Czy pan właśnie próbuje się schować za wrogim czołgiem?!"
RUNDA 2: "Metamorfoza"
Stylista Bob przedstawia najnowsze trendy w kamuflażu:
HOT:
Odcienie błota
Vintage rdza
Klasyczna zieleń
NOT:
Neonowy róż
Błyszczący chrom
Świecące naklejki z napisem "NIE STRZELAĆ TU"
[PRZERWA NA REKLAMY]
Czy twój czołg jest zbyt widoczny? Czy wrogowie śmieją się, gdy próbujesz się ukryć? KUP TERAZ: Super Mega Ultra Kamuflaż Premium Plus™ (tylko 99.99 złotych - mama nie zauważy)
[WRACAMY DO PROGRAMU]
RUNDA 3: "Projekt Wybieg"
Zadanie: Przejechać przez całą mapę nie będąc zauważonym
Uczestnik 2: *jedzie w linii prostej krzycząc "JESTEM NIEWIDZIALNY"* Generał: *facepalm*
Uczestnik 3: *próbuje się zakopać* Generał: "To nie jest symulator kreta!"
Uczestnik 4: *maluje się w kropki* Generał: "To nie jest dyskoteka!"
PORADY EKSPERTA:
Jak być niewidzialnym:
Stań tam gdzie nikt nie spodziewa się czołgu
Za małym krzaczkiem ✓
Na dachu ✗

W jeziorze X X X
Zachowuj się naturalnie
Nie kręć się w kółko
Nie strzelaj na oślep
Nie krzycz "tu mnie nie ma!"
[SEGMENT EDUKACYJNY]
"POZNAJ SWOJEGO WROGA"
Typy graczy którzy cię szukają:
"Pan Detektyw"
Zawsze wie gdzie jesteś
Prawdopodobnie używa modów
Należy zgłosić do administracji
"Pan Ślepy"
Nie zauważy cię nawet jak staniesz przed nim
Twój najlepszy przyjaciel
Niestety zawsze jest w przeciwnej drużynie
"Pan Artylerzysta"
Nie musi cię widzieć żeby cię trafić
Twój najgorszy koszmar
Modli się do RNG
[SEGMENT EKSPERYMENTALNY]
"MYTHBUSTERS: WYDANIE SPECJALNE"
Mit #1: "Jeśli się nie ruszam, nikt mnie nie widzi" Status: OBALONY Wynik: Przeciwnik nie jest T-Rexem
Mit #2: "Większy krzak = lepszy kamuflaż" Status: POTWIERDZONY Wynik: Ale tylko jeśli krzak jest większy niż czołg
Mit #3: "Czarne czołgi są niewidoczne w nocy" Status: NIEROZSTRZYGNIĘTY Wynik: W grze nie ma nocy...
[FINAŁ PROGRAMU]
ROZDANIE NAGRÓD:
☐ Złoty Krzak - za najbardziej kreatywne użycie drzewa jako wymówki ☐ Srebrny Liść - za najlepszą imitację nieruchomego obiektu ☐ Brązowa Gałązka - za próbę udawania przeciwnika
RADY NA PRZYSZŁOŚĆ:
Najlepszy kamuflaż to być gdzie indziej
Jeśli wróg cię widzi, udawaj że to nie ty

23

Zawsze możesz powiedzieć że to lag
Najlepszą kryjówką jest garaż (ale to oznacza przegraną)
[NAPISY KOŃCOWE]
Generał Krzak: Pamiętajcie rekruci - nieważne jak dobrze się schowaliście, arty i tak was znajdzie!
ZASTRZEŻENIA PRAWNE:
Program nie gwarantuje niewidzialności
Efekty mogą się różnić
Nie testowano na zwierzętach (tylko na noobach)
Wszelkie podobieństwo do prawdziwych czołgów jest przypadkowe
Żaden krzak nie ucierpiał podczas kręcenia programu
CREDITS: Reżyseria: Generał Krzak Scenariusz: Sierżant Kamuflaż Muzyka: DJ Gąsienica Efekty Specjalne: Szeregowy Photoshop Catering: Polowa Kuchnia "Pod Spawem"
PODZIĘKOWANIA: Specjalne podziękowania dla wszystkich krzaków, które poświęciły się dla tego programu.
[KONIEC TRANSMISJI]
PS. Jeśli ten program wydaje ci się głupi, to znaczy że działa - nikt nie spodziewa się, że prawdziwe techniki kamuflażu będą ukryte w tak idiotycznym show!

Rozdział 7: CS-63 - dryftowanie po polu bitwy

PORADNIK POCZĄTKUJĄCEGO KIEROWCY RAJDOWEGO
(znaleziony w schowku CS-63)
□□ KURS SZYBKIEJ JAZDY DLA OPORNYCH □□
LEKCJA 1: PODSTAWY DRIFTU By: Mistrz Szybkich i Wściekłych Czołgów
WSKAZÓWKA DNIA: Jeśli myślisz, że jedziesz za szybko, prawdopodobnie jedziesz za wolno!
PODRĘCZNY SŁOWNIK RAJDOWCA:
Drift - sztuka jazdy bokiem, nawet gdy nie chcesz
Turbo - magiczny przycisk, który sprawia, że wszystko staje się zabawniejsze
Hamulec - mityczny element wyposażenia, którego i tak nikt nie używa
ABS - coś, czego nie mamy, ale udajemy, że wiemy co to jest
DZIENNIK POKŁADOWY MŁODEGO RAJDOWCA:
8:00 - Pierwsze odpalenie turbo 8:01 - Pierwsza wizyta w warsztacie 8:05 - Drugie odpalenie turbo 8:06 - Druga wizyta w warsztacie 8:10 - Odkrycie, że można jechać też bez turbo 8:11 - Nuda...
TURBO-PRZYKAZANIA:
Będziesz czcił turbo swoje
Nie nadużywaj turbo nadaremno
Pamiętaj, aby tryb turbo święcić
Czcij mechanika swego
Nie zabijaj... swojego silnika
Nie pożądaj gąsienic bliźniego swego
PRZEWODNIK: "JAK ZOSTAĆ KRÓLEM DRIFTU"
POZIOM 1: "MŁODY PADAWAN"
Umie włączyć turbo
Czasami trafia w cel
Zwykle kończy do góry gąsienicami
POZIOM 2: "UCZEŃ JEDI"
Potrafi skręcać
Czasami nawet tam gdzie chce

Odkrył, że istnieją hamulce
POZIOM 3: "MISTRZ SZYBKOŚCI"
Drift to jego drugie imię
Pierwszy na mecie (lub w garażu)
Ma własny fanklub mechaników
TOP 10 WYMÓWEK RAJDOWCA:
"To nie ja, to fizyka!"
"Tak miało być!"
"Testowałem nową technikę!"
"To wina lagu!"
"Sprawdzałem wytrzymałość ściany!"
"Chciałem zrobić skrót!"
"To był zaplanowany manewr taktyczny!"
"Gravity.exe przestało działać!"
"Tak jeżdżą profesjonaliści!"
"Myślałem, że to skocznia!"
SEKCJA SPECJALNA: TRYBY JAZDY
TRYB NORMALNY:
Nudno
Bezpiecznie
Po co to komu?
TRYB TURBO:
WHEEEEEEEEE!
Fizyka? Jaka fizyka?
Kto potrzebuje kontroli?
INSTRUKCJA OBSŁUGI TURBO:
KROK 1: Znajdź przycisk turbo KROK 2: Wciśnij przycisk turbo
KROK 3: PANIKA! KROK 4: Módl się KROK 5: ??? KROK 6: Profit!
(albo garaż)
NAJCZĘSTSZE PYTANIA POCZĄTKUJĄCYCH:
P: Czy mogę driftować pod górę? O: Fizyka mówi nie, ale CS-63 się z tym nie zgadza.
P: Co zrobić gdy turbo się zacina? O: Uderz w coś, to się samo wyłączy.
P: Jak hamować w trybie turbo? O: To zabawne pytanie!
PORADNIK PRZETRWANIA: CO ROBIĆ GDY...
...Turbo się nie wyłącza:

Zaakceptuj swój los
Krzycz "YOLO!"
Zrób efektowne salto
Wróć do garażu z honorem
...Zapomnisz gdzie jest hamulec:
Użyj najbliższej ściany
Udawaj, że tak miało być
Napisz na czacie "calculated"
...Wpadniesz w poślizg:
Włącz muzykę z "Tokio Drift"
Rób to z klasą
Zbieraj punkty za styl
NAGRODY I OSIĄGNIĘCIA:
🏆 "Speed Demon" - za przekroczenie prędkości dźwięku 🏆
"Wall Tester" - za sprawdzenie wytrzymałości wszystkich ścian na mapie 🏆 "Drift King" - za jazdę bokiem dłużej niż prosto 🏆
"Newton's Nightmare" - za zakwestionowanie praw fizyki 🏆
"Mechanic's Best Friend" - za najczęstsze wizyty w warsztacie
KOŃCOWE PORADY:
Prędkość to nie wszystko (ale pomaga)
Hamulce są dla tchórzy
Grawitacja to tylko sugestia
Fizyka to opcja
Mechanik to twój najlepszy przyjaciel
OSTRZEŻENIE: Autor nie ponosi odpowiedzialności za:
Zawroty głowy
Mdłości
Utratę kredytów
Złamane gąsienice
Obrażone uczucia przeciwników
Śmiech mechaników
PS. Jeśli ktoś pyta, czy CS-63 to dobry czołg do nauki jazdy - odpowiedz, że to najlepszy. Bo kto inny pozwoli ci driftować 40-tonową maszyną?
PPS. Pamiętaj: prawdziwy rajdowiec nie potrzebuje GPS - i tak skończy tam, gdzie go zaniesie turbo!

Rozdział 8: Jak przeżyć spotkanie z artylerią (i nie dostać szału)

SUPERPILNY TAJNY RAPORT WYWIADU TEMAT: Niemieckie samobieżne działa pancerne (SPG) KLASYFIKACJA: ŚCIŚLE TAJNE (albo i nie) STATUS: Pomocy!
PROFIL PSYCHOLOGICZNY TYPOWEGO GRACZA ARTYLERII:
Imię: Hans Hobby: Oglądanie eksplozji z góry Ulubione danie: Łzy przeciwników Zwierzę domowe: Celownik Motto życiowe: "Klikam i się śmieję"
ZNANE NIEMIECKIE JEDNOSTKI SPG I ICH CHARAKTERYSTYKA:
G.W. Panther:
Przezwisko: "Spacerowy Niszczyciel Marzeń"
Hobby: Trafianie w czołgi, które myślą że są bezpieczne
Specjalność: Rujnowanie czyjejś gry jednym strzałem
Znak rozpoznawczy: Dźwięk spadających pocisków i płacz przeciwników
G.W. Tiger:
Przezwisko: "Młot Thora"
Ulubione zajęcie: Tworzenie kraterów wielkości małych basenów
Specjalność: Sprawianie, że ludzie rzucają myszkami
Motto: "Gravity is not your friend"
G.W. Tiger (P):
Przezwisko: "Kosmiczny Program Niemiecki"
Cel życiowy: Wysyłanie czołgów w stratosferę
Ulubiona piosenka: "I Believe I Can Fly"
Najczęściej słyszane słowa: [OCENZUROWANO]
PORADNIK PRZETRWANIA:
CO ROBIĆ:
Ruszaj się jak szalony
Módl się do RNGesusa
Udawaj, że nie boisz się nieba
Kup lepsze wifi (może zdążysz odskoczyć)
CZEGO NIE ROBIĆ:
Nie stój w miejscu (NIGDY!)
Nie jedź prostą linią

Nie kampuj w krzakach
Nie myśl "na pewno we mnie nie trafi"
ZNAKI OSTRZEGAWCZE ŻE ARTY CIĘ NAMIERZYŁA:
POZIOM 1: "Spokojnie, jeszcze żyjesz"
Czujesz się obserwowany
Twój szósty zmysł krzyczy "UCIEKAJ!"
Wszyscy sojusznicy nagle się od ciebie odsuwają
POZIOM 2: "Może być nieciekawie"
Widzisz czerwone znaczniki na minimapie
Słyszysz świst pocisków
Twoja mama woła na obiad (zawsze w najgorszym momencie)
POZIOM 3: "Jest źle"
Widzisz spadający cień
Twój czołg zaczyna się modlić
Mechanik już szykuje rachunek
POZIOM 4: "GAME OVER"
[BOOOOM!]
[Powrót do garażu]
[Dźwięk rzucanej klawiatury]
SEKCJA NAUKOWA: BADANIE ZACHOWAŃ ARTYLERII
Eksperyment #1: "Czy arty trafi stojący czołg?" Wynik: TAK
Wnioski: Nie stój!
Eksperyment #2: "Czy arty trafi jadący czołg?" Wynik: TAK
Wnioski: Jedź zygzakiem!
Eksperyment #3: "Czy arty trafi ukryty czołg?" Wynik: TAK
Wnioski: Nigdzie nie jesteś bezpieczny!
SŁOWNIK TERMINÓW ARTYLERYJSKICH:
SPG - Specially Painful Gaming RNG - Really Not Good Splash - Kiedy nie trafili, ale i tak boli Stun - Kiedy twój czołg ma zawroty głowy Focus - Kiedy cała artyleria się w ciebie zakochała
MODLITWA CZOŁGISTY:
"O święty RNGesusie, Który jesteś w serwerach, Święć się losowość Twoja, Przyjdź królestwo precyzji Twojej, Bądź celność Twoja, Jako w garażu tak i na polu bitwy..."
SKALA STRESU CZOŁGISTY:
Poziom 1: "Jest spoko"
Nie ma artylerii w grze

Słońce świeci
Ptaszki śpiewają
Poziom 2: "Lekki niepokój"
Jest jedna artyleria
Zaczynasz się rozglądać
Sprawdzasz mapę co 2 sekundy
Poziom 3: "Panika kontrolowana"
Są dwie artylerie
Jedziesz tylko zygzakiem
Modlisz się do wszystkich bogów
Poziom 4: "FULL PANIKA"
Trzy artylerie
Pot na czole
Palce drżą na WASD
Rozważasz zmianę gry na Minecraft
KOŃCOWE PORADY:
Zawsze miej przygotowaną wymówkę
Naucz się kochać garaż
Zainwestuj w stresową piłeczkę
Kup zapasową klawiaturę
Zapisz się na jogę
WSKAZÓWKI PRZETRWANIA OD WETERANÓW:
"Jeśli słyszysz świst pocisku, jest już za późno" - Sierżant Spalony
"Najlepszą obroną przed artylerią jest bycie artylerią" - Kapral Zemsta
"RNG to najlepszy przyjaciel i najgorszy wróg" - Major Pechowiec
PS. Jeśli czytasz to jako gracz artylerii - jesteś złą osobą i powinieneś się wstydzić!
PPS. Jeśli czytasz to jako ofiara artylerii - witaj w klubie!
PPPS. Pamiętaj, że zawsze możesz się zemścić... grając artylerią!
(Ale wtedy staniesz się tym, czego nienawidzisz)

Rozdział 9: 40TP Habicha - przyjaciel każdego początkującego

WIADOMOŚCI CZOŁGOWE Wydanie Specjalne: "Życie z 40TP Habicha" Data: Niedziela, 9 lutego 2025 Cena: Bezcenne
NAGŁÓWEK: "SENSACJA! 40TP HABICHA ZNOWU RATUJE NOOBA!"
PIERWSZA STRONA: Szokujące doniesienia z pola bitwy! Kolejny początkujący gracz został uratowany przez legendarny czołg 40TP Habicha. "To cud!" - mówią świadkowie. "Nawet nie wiedział, gdzie jest przód czołgu, a i tak wygrał!"
WYWIAD EKSKLUZYWNY: Nasz reporter porozmawiał z 40TP Habicha o życiu czołgu średniego:
Reporter: Co jest najtrudniejsze w byciu czołgiem dla początkujących? 40TP: Najbardziej denerwujące jest, gdy próbują strzelać w tył. SERIO. To się dzieje częściej niż myślisz.
R: Jak radzisz sobie z niedoświadczonymi załogami? 40TP: Mam wbudowany system "anti-noob". Cokolwiek zrobią źle, i tak jakoś to działa.
PORADY OD EKSPERTA: "Jak Nie Być Totalnym Noobie w 40TP Habicha" by Prof. dr hab. inż. Czołg Pancerny
ZŁOTE ZASADY:
Działo wskazuje kierunek jazdy
Nie, drugi koniec to nie działo
Tak, jesteś pewien
NAPRAWDĘ jesteś pewien
OGŁOSZENIA DROBNE:
SPRZEDAM:
40TP Habicha, lekko używany
Tylko 500 wizyt w garażu
Drobne ślady po pociskach
Gąsienice w komplecie (prawie)
Cena do negocjacji KONTAKT: ZrozpaczonyGracz2137
KUPIĘ:
Instrukcję obsługi 40TP
Najlepiej z obrazkami
Może być po kolorowankach

PILNE!!!

DZIAŁ SPORTOWY: "Mistrzostwa w Przetrwaniu Pierwszej Minuty"

WYNIKI:

miejsce: 40TP prowadzony przez 8-latka

miejsce: Wszystkie inne czołgi

miejsce: Krzak (pomylony z czołgiem)

SEKCJA POGODOWA: Prognoza na dziś:

Deszcz pocisków

Zachmurzenie od dymu

Temperatura: GORĄCO

Widoczność: zależy czy masz lornetkę

LIFESTYLE:

TOP 5 MODNYCH DODATKÓW SEZONU:

Kamuflażowa farba (pasuje do wszystkiego)

Stylowe błotniki

Ekstrawaganckie gąsienice

Designerska wieżyczka

Modne działo (rozmiar ma znaczenie)

HOROSKOP CZOŁGOWY:

Baran: Uważaj na lewo Byk: Uważaj na prawo Bliźnięta: Uważaj wszędzie [...] Ryby: Po prostu uważaj

SEKCJA ZDROWIA: "Jak utrzymać swojego 40TP w formie"

CODZIENNA RUTYNA:

Poranne rozgrzanie silnika

Stretching gąsienic

Ćwiczenia wieżyczki

Medytacja przed bitwą

PRZEPISY: Dieta 40TP Habicha:

Premium paliwo

Olej extra virgin

Świeże filtry

Ekologiczne smary

PORADNIK PSYCHOLOGICZNY: "Jak radzić sobie ze stresem bycia czołgiem dla noobów"

TECHNIKI RELAKSACYJNE:

Głębokie oddychanie przez rury wydechowe

Pozytywne afirmacje ("Jestem dobrym czołgiem")
Liczenie zniszczonych przeciwników (jeśli jacyś są)
LISTY OD CZYTELNIKÓW:
Droga Redakcjo, Mój 40TP ciągle wpada na ściany. Co robić?
Zdezorientowany Początkujący
Odpowiedź: Drogi Zdezorientowany, Ściany zazwyczaj nie uciekają. Spróbuj je omijać.
Redakcja
KOMIKS: "Przygody Super 40TP" [rysunek czołgu w pelerynie] "Nawet noob może być bohaterem!"
KRZYŻÓWKA CZOŁGOWA:
Poziomo:
Co robisz gdy widzisz wroga (6 liter)
Gdzie najczęściej kończysz bitwę (5 liter)
Pionowo:
Ulubiony przedmiot w grze (9 liter)
Co robisz gdy nie wiesz co robić (7 liter)
STOPKA REDAKCYJNA: Redaktor Naczelny: 40TP Habicha
Wydawca: Garaż Centralny Druk: Polowe Drukarnie Pancerne
UWAGA: Gazeta nie ponosi odpowiedzialności za:
Przypadkowe eksplozje
Zaginione gąsienice
Uszkodzenia moralne
Śmiech w niewłaściwych momentach
PS. Jeśli nie rozumiesz żadnego z powyższych żartów, gratulacje! Jesteś idealnym kandydatem do prowadzenia 40TP Habicha!
PPS. Pamiętaj: nie ma głupich pytań (są tylko głupie odpowiedzi)... ale "gdzie jest przód czołgu?" jest bardzo blisko.

Rozdział 10: "Help! Mój czołg się cofa pod górę!" - poradnik jazdy

OFICJALNY PODRĘCZNIK SZKOŁY JAZDY "PANCERNA DEZORIENTACJA" Licencja nr: 404_NOT_FOUND Motto: "Jeśli nie wiesz gdzie jedziesz, wróg też nie będzie wiedział!"

QUIZ WSTĘPNY:
Kiedy należy użyć hamulca? a) Nigdy b) Prawie nigdy c) Po co nam hamulec? d) Wszystkie odpowiedzi prawidłowe
Co zrobić, gdy czołg jedzie do tyłu pod górę? a) Panikować b) Krzyczeć c) Modlić się d) Wszystko naraz

LEKCJA 1: PODSTAWY PODSTAW

🚫 CZEGO NIE ROBIĆ W POLSKIM CZOŁGU:
Nie próbuj zawracać na klifie
Nie zjeżdżaj tyłem z góry "bo tak będzie szybciej"
Nie sprawdzaj czy twój czołg umie pływać
Nie pytaj "a co robi ten czerwony przycisk?"

✅ CO ROBIĆ W POLSKIM CZOŁGU:
Udawaj, że wszystko idzie zgodnie z planem
Krzycz "to feature, nie bug!"
Zawsze miej wymówkę gotową
Naucz się śmiać z własnych błędów

LEKCJA 2: FIZYKA DLA OPORNYCH
PRAWA FIZYKI W WORLD OF TANKS:
Prawo grawitacji:
To, co musi spaść, spadnie
Zazwyczaj na ciebie
W najmniej odpowiednim momencie
Prawo bezwładności:
Czołg w ruchu pozostanie w ruchu
Nawet jeśli bardzo chcesz się zatrzymać
Zwłaszcza przed przepaścią
Prawo Murphy'ego:
Jeśli coś może pójść źle, pójdzie źle
Jeśli nie może pójść źle, i tak pójdzie źle
Po prostu się z tym pogódź

LEKCJA 3: PORADNIK PRZETRWANIA

JAK PRZETRWAĆ PIERWSZE 5 MINUT JAZDY:
Minuta 1:
Upewnij się, że silnik jest włączony
Znajdź właściwy kierunek
Pomyl właściwy kierunek
Zacznij od nowa
Minuta 2:
Odkryj, że W to przód
Odkryj, że S to tył
Pomyl W z S
Wpadnij na ścianę
Minuta 3:
Naucz się skręcać
Spróbuj skręcić
Skręć za mocno
Wywróć się
Minuta 4:
Próba jazdy pod górę
Stoczenie się z góry
Udawanie, że tak miało być
Powtórka z poprzednich punktów
Minuta 5:
Pierwsza prawdziwa jazda
Pierwsza prawdziwa kolizja
Pierwszy prawdziwy powrót do garażu
Pierwsze prawdziwe łzy
LEKCJA 4: PRZYDATNE WSKAZÓWKI
SYSTEM ŚWIATEŁ: ☐ Zielone = Jedź ● Czerwone = Jedź szybciej
○ Białe = To był przeciwnik, ups...
ZNAKI DROGOWE W WOT:
STOP = Sugestia
Ustąp pierwszeństwa = Mit
Zakaz wjazdu = Wyzwanie
Ślepa uliczka = Skrót
LEKCJA 5: FAQ (Frequently Asked Questions)
P: Dlaczego mój czołg nie skręca? O: A wcisnąłeś A lub D?

P: Czemu jadę do tyłu? O: A na pewno siedzisz przodem do monitora?
P: Gdzie jest sprzęgło? O: To nie Forza Horizon, młody...

LEKCJA 6: ZAAWANSOWANE TECHNIKI
PARKOWANIE:
Sposób profesjonalny:
Dokładnie wymierz odległość
Powoli podjedź
Delikatnie ustaw czołg
Sposób polski:
Celuj w wolne miejsce
Daj pełny gaz
Módl się
ZAWRACANIE:
Metoda standardowa:
Szeroki łuk
Powolny skręt
Bezpieczne wykonanie
Metoda ekstremalna:
Pełna prędkość
Ostry skręt
Salto (niezamierzone)
Powrót do garażu (zamierzony)
CERTYFIKAT UKOŃCZENIA KURSU:
Niniejszym zaświadcza się, że: [wpisz swoje imię] Ukończył(a) kurs jazdy czołgiem z wynikiem: [ ] Doskonałym [ ] Dobrym [ ] Zadowalającym [✓] Przeżył(a)
PORADY KOŃCOWE:
Jeśli nie wiesz gdzie jedziesz:
Udawaj, że to część planu
Przekonaj innych, że znasz skrót
W ostateczności nazwij to "taktycznym manewrem"
Jeśli utknąłeś:
Udawaj, że to pozycja obronna
Przekonuj wszystkich, że to świetny spot
Módl się o artylerię (własną lub wrogą, bez różnicy)
Jeśli wszystko zawiedzie:

Alt + F4
Odinstaluj grę
Zainstaluj The Sims
Następnego dnia i tak wrócisz do WoT
UWAGA KOŃCOWA: Ten podręcznik został napisany przez rzeczywistych kierowców czołgów* (*w grach komputerowych, po trzech Red Bullach, o 3 nad ranem)
PS. Jeśli nadal nie umiesz jeździć po przeczytaniu tego poradnika, gratulacje! Jesteś normalny. Nikt nie umie. Po prostu udajemy lepiej niż inni.

Rozdział 11: 45TP Habicha - średniak z charakterem

DZIENNIK MŁODEGO PANCERNIAKA (prowadzony przez zdesperowanego gracza)
DZIEŃ 1: Pierwsza randka z 45TP
Drogi Pamiętniku, Dziś kupiłem 45TP Habicha! Sprzedawca powiedział, że to "czołg z charakterem". Teraz wiem, że to kod na "czasami robi co chce".
LISTA ZAKUPÓW:
45TP Habicha √
Apteczki (dużo) √
Zestaw naprawczy √
Gaśnica √
Tabletki na uspokojenie √
Nowa klawiatura (przyda się) √
DZIEŃ 2: Pierwsze wrażenia
PLUSY:
Wygląda groźnie
Ma działo
Jeździ (przeważnie)
Ma wszystkie gąsienice (na początku)
MINUSY:

Wrogowie też wyglądają groźnie
Oni też mają działa
Oni umieją strzelać
POMOCY!
DZIEŃ 3: Nauka jazdy
NOTATKI Z TRENINGU: 09:00 - Znalezienie przycisku start 09:15 - Odkrycie, że czołg ma bieg wsteczny 09:30 - Przypadkowe trafienie wroga 09:31 - Wróg się zdenerwował 09:32 - Szybka nauka używania apteczki 09:33 - Powrót do garażu
DZIEŃ 4: Próba zrozumienia mechaniki gry
RÓWNANIA PODSTAWOWE: Ja + 45TP = Chaos Wróg + Celowanie = Ból Apteczka × 0 = Panika Garaż = Dom
DZIEŃ 5: Analiza taktyczna
PLAN BITWY:
Wyjechać z bazy ✓
Nie zginąć ✗
Trafić wroga ✗
Przeżyć ✗
Wrócić do punktu 1 ✓
DZIEŃ 6: Eksperymentalne podejście
HIPOTEZA: 45TP to dobry czołg. METODOLOGIA: Próba grania. WYNIKI: [OCENZUROWANO] WNIOSKI: Potrzebuję więcej apteczek.
DZIEŃ 7: Odkrycia naukowe
PRAWO PIERWSZEJ BITWY: "Cokolwiek może pójść źle, pójdzie źle w pierwszej minucie."
PRAWO DRUGIEJ BITWY: "To co przetrwało pierwszą bitwę, rozpadnie się w drugiej."
PRAWO TRZECIEJ BITWY: "Nie będzie trzeciej bitwy."
DZIEŃ 8: Poradnik przetrwania
JAK PRZETRWAĆ W 45TP:
POZIOM POCZĄTKUJĄCY:
Znajdź bezpieczne miejsce
Schowaj się
Czekaj na koniec bitwy
POZIOM ŚREDNI:
Znajdź wroga

Wyceluj
Nie traf
Uciekaj
Powtórz
POZIOM EKSPERT:
Zaakceptuj swój los
???
Profit!
DZIEŃ 9: Medytacje pancerne
MANTRY 45TP:
"Jestem niezniszczalny" (kłamstwo)
"Trafię w cel" (większe kłamstwo)
"Nie potrzebuję pomocy" (największe kłamstwo)
DZIEŃ 10: Psychologia przetrwania
STADIA ŻAŁOBY 45TP:
Zaprzeczenie: "To niemożliwe, że znowu nie trafiłem!"
Złość: "CO ZA BEZNADZIEJNY CZOŁG!"
Targowanie: "Może jak sprzedam nerkę na lepszy sprzęt..."
Depresja: "Po co ja w to gram..."
Akceptacja: "No cóż, przynajmniej mam ładny kamuflaż."
DZIEŃ 11: Wnioski końcowe
CZEGO NAUCZYŁEM SIĘ PO 11 DNIACH:
Zasady przetrwania:
Lepiej być żywym tchórzem niż martwym bohaterem
Apteczki to nie luksus, to konieczność
RNG to twój najlepszy wróg
Życiowe prawdy:
Celownik to tylko ozdoba
Pancerz to stan umysłu
Garaż to drugi dom
Filozofia 45TP:
Nie pytaj "dlaczego?"
Pytaj "dlaczego nie?"
A potem i tak rób co chcesz
EPILOG: Ostatnie przemyślenia
DROGI PRZYSZŁY WŁAŚCICIELU 45TP:

Jeśli czytasz ten dziennik, prawdopodobnie już jest za późno. Ale jeśli jeszcze nie kupiłeś 45TP, oto kilka ostatnich rad:
Zawsze miej plan B (i C, D, E... najlepiej cały alfabet)
Naucz się śmiać z własnych porażek (będziesz miał dużo okazji do ćwiczeń)
Zainwestuj w dobre ubezpieczenie (czołgu, nerwów i klawiatury)
PS. Jeśli zastanawiasz się, czy 45TP to dobry wybór - odpowiedź brzmi: to skomplikowane. Jak związek z nastolatką - nigdy nie wiesz co się wydarzy, ale na pewno będzie ciekawie!
PPS. Jeśli myślisz, że przesadzam - spotkajmy się na polu bitwy. Będę tym w płonącym 45TP, krzyczącym "TO CZĘŚĆ PLANU!"
PPPS. Tak, nadal w to gram. Tak, prawdopodobnie potrzebuję pomocy. Nie, nie zamierzam przestać.
[KONIEC DZIENNIKA] (znaleziony pod stertą zużytych apteczek i połamanych klawiatur)

Rozdział 12: Komunikacja zespołowa, czyli jak przekazać, że wróg jest TU! NIE TAM! TU!!!

CZATOWY SŁOWNIK POLSKIEGO CZOŁGISTY (zaktualizowana wersja 2025)

👺 PODSTAWOWE ZWROTY ALARMOWE:
"POMOCY!" = Jestem sam przeciwko całej drużynie "TU!!!" = Gdzieś na mapie jest wróg "!!!!!!" = Prawdopodobnie zaraz zginę "GDZIE TEAM???" = Już zginąłem "@#$%^&" = Trafiła mnie arty

🎮 SŁOWNIK SKRÓTÓW:
AFK = Away From Keyboard (poszedłem po chipsy) BRB = Be Right Back (mama woła na obiad) OMW = On My Way (zaraz tam będę... może) LOL = Lots of Laughs (właśnie zginąłem w głupi sposób) WTF = Why This Fail (jak mogłem nie trafić z takiej odległości?)
PRZEWODNIK: JAK SKUTECZNIE KOMUNIKOWAĆ SIĘ Z TEAMEM

Sytuacja 1: Widzisz wroga ✗ Źle: "On jest tam!" ✓ Dobrze: "B7! B7! B7! NIE C7! B7!!!!"
Sytuacja 2: Potrzebujesz pomocy ✗ Źle: "Help" ✓ Dobrze: "HELPHELPHELPHELPHELPHELP!!!!!!"
Sytuacja 3: Znalazłeś się sam przeciw 5 wrogom ✗ Źle: "Jest ich wielu" ✓ Dobrze: "AAAAAAAAAAAAAAAAA!!!!"

🎭 TEATRZYK CZOŁGOWY - SCENA 1:
Gracz 1: "Spotted!" Gracz 2: "Gdzie?" Gracz 1: "No tu!" Gracz 2: "Gdzie tu?" Gracz 1: "NO TUTAJ!!!" Gracz 2: "..." [Wszyscy giną]

📱 ROZMOWY NA CZACIE:
Przykład 1:
"Idę na A"
"Nie idź na A"
"Czemu?"
[Już nie żyje]
Przykład 2:
"Cover me!"
"Ok!"
"Gdzie jesteś?"
"Wróciłem do garażu..."

♣ CYRK NA KÓŁKACH - TYPOWE SYTUACJE:
Akt 1: Zagubiony zwiadowca Zwiadowca: "Gdzie mam jechać?" Team: "Na spot!" Zwiadowca: "Gdzie to jest?" Team: "Tam gdzie zawsze!" Zwiadowca: *ginie w losowym miejscu*
Akt 2: Artylerzysta i jego fan club Artylerzysta: "Namierzam cel!" Cała drużyna: "STRZEL TU! NIE, TU! TAM! WYŻEJ! NIŻEJ!"
Artylerzysta: *trafia sojusznika*

🎯 SYSTEM OZNACZEŃ NA MAPIE:
Oznaczenie: Pojedyncze kliknięcie Znaczenie: "Chyba coś tam widziałem"
Oznaczenie: Podwójne kliknięcie Znaczenie: "Na pewno coś tam jest!"
Oznaczenie: Spam kliknięć Znaczenie: "RATUNKU!!!"

♣ NAJCZĘSTSZE NIEPOROZUMIENIA:
Sytuacja: "Osłaniam cię!" Co gracz myśli: Będę strzelał do wrogów Co naprawdę robi: Chowa się za tobą

Sytuacja: "Idę z tobą!" Co gracz myśli: Będziemy współpracować
Co naprawdę robi: Zostaje w bazie
🎭 SCENKI RODZAJOWE:
Scena: "Spotkanie na moście" Gracz 1: "Przepuść mnie!" Gracz 2: "Nie, ty mnie przepuść!" [Obaj zostają zniszczeni przez artę]
🔊 PRZYDATNE KOMENDY GŁOSOWE:
"Ładuję!" = Za 10 sekund będę gotowy do strzału "Odbijam się!" = Zaraz wpadnę na ścianę "Trafiony!" = Ktoś właśnie zniszczył mi połowę modułów "Zniszczony!" = Ups...
♣ MIĘDZYNARODOWY JĘZYK CZOŁGISTY:
Polski: "Tu jest wróg!" Angielski: "Enemy here!" Niemiecki: "Hier!" Uniwersalny: "!!!!!!!"
🏰 KOŃCOWE WSKAZÓWKI:
Zasada złotej komunikacji:
Jeśli nie wiesz co powiedzieć, spam pingi na mapie
Zasada skutecznego przekazu:
Im więcej wykrzykników, tym pilniejsza sprawa
Zasada dobrej współpracy:
Jeśli nikt nie odpowiada, prawdopodobnie wszyscy już nie żyją
Zasada wzajemnego zrozumienia:
Nikt i tak nie czyta czatu
EPILOG: UNIWERSALNE PRAWDY
Nikt nie słucha poleceń
Każdy ma własny plan
Plan zazwyczaj nie działa
Zawsze można winić lag
PS. Jeśli nadal nie umiesz się komunikować z teamem, nie martw się - oni też nie umieją.
PPS. Najskuteczniejsza forma komunikacji to i tak "AAAAAAAAAA!!!"
PPPS. Pamiętaj, że cisza też jest formą komunikacji (zwłaszcza gdy cały team już wrócił do garażu).

Rozdział 13: 50TP prototyp - sztuka strzelania zza węgła

SUPERBOHATEROWIE ŚWIATA CZOŁGÓW PRZEDSTAWIAJĄ:
KAPITAN 50TP PROTOTYP w komiksie pod tytułem: "PRZYGODY CZOŁGU, KTÓRY MYŚLAŁ, ŻE JEST NINJĄ"
ODCINEK 1: "POCZĄTKI BOHATERA"
[Scena 1: Garaż] 50TP: "Czuję się taki... przeciętny." Mechanik: "Spokojnie, mały. Masz w sobie ukrytą moc." 50TP: "Jaką moc?" Mechanik: "Sztukę... peek-a-boom!"
[Scena 2: Trening] ZASADY PEEK-A-BOOM:
Znajdź róg
Wyjrzyj
STRZEL!
Schowaj się
Powtórz (jeśli przeżyjesz)
ODCINEK 2: "PIERWSZE KROKI"
DZIENNIK TRENINGOWY:
Dzień 1:
Próba wyjrzenia zza rogu
Utknięcie w ścianie
Odkrycie, że czołg nie jest tak zwrotny jak się wydawało
Dzień 2:
Nauka celowania
Przypadkowe trafienie sojusznika
Dużo przeprosin na czacie
Dzień 3:
Pierwszy udany peek-a-boom!
Drugi nieudany peek-a-boom...
Powrót do garażu
ODCINEK 3: "SUPERMOCE 50TP"
SPECJALNE ZDOLNOŚCI:
"Znikająca Wieżyczka"
Pokazuje się na 0.1 sekundy
Wystrzela pocisk
Znika zanim ktokolwiek zorientuje się co się stało
"Magiczny Róg"

Zamienia zwykły róg budynku w fortecę
Działa tylko jeśli wierzysz
"Pancerz Nadziei"
Czasami odbija pociski
Częściej nie
Ale zawsze możesz mieć nadzieję
ODCINEK 4: "ZŁOTE ZASADY MIEJSKIEGO NINJA"
PODRĘCZNIK PRZETRWANIA:
Rozdział 1: Podstawy
Róg jest twoim przyjacielem
Ściana to twoja mama
Budynek to twój tata
Bądź jednością z architekturą
Rozdział 2: Zaawansowane techniki
Nie wychylaj się za daleko
Nie pokazuj boczku (nie jesteś na grillu)
Licz strzały przeciwnika
Udawaj, że wiesz co robisz
ODCINEK 5: "TYPOWY DZIEŃ Z ŻYCIA 50TP"
PORANNY RUTYNA: 06:00 - Pobudka 06:05 - Rozgrzewka wieżyczki 06:10 - Stretching lufy 06:15 - Medytacja o rogach budynków 06:20 - Pierwsza bitwa 06:21 - Pierwsza śmierć 06:22 - Reset
ODCINEK 6: "PRZYGODY W MIEŚCIE"
MIEJSKI PORADNIK PRZETRWANIA:
Sytuacja 1: Spotkanie z wrogiem ✘ Źle: Panika i ucieczka ✓
Dobrze: Udawaj, że to część planu
Sytuacja 2: Utknięcie między budynkami ✘ Źle: Szarpanie się ✓
Dobrze: "To moja nowa pozycja snajperska!"
ODCINEK 7: "SEKRETY MISTRZÓW"
TAJNE TECHNIKI:
"Taniec z rogiem"
Krok w przód
Strzał
Dwa kroki w tył
Powtórz dopóki działa
"Finta miejskiego wojownika"

44

Udaj, że wychylasz się w lewo
Wychyl się w prawo
Zdziw się, że przeciwnik i tak cię trafił
ODCINEK 8: "LEKCJE ŻYCIOWE"
CZEGO NAUCZYŁ MNIE 50TP:
Cierpliwość jest cnotą (ale szybki reload też się przydaje)
Nie wszystko złoto co się świeci (czasami to pocisk leci)
Lepiej dmuchać na zimne (zwłaszcza gdy silnik się przegrzewa)
WIELKI FINAŁ: "OSTATECZNE PRAWDY"
MĄDROŚCI 50TP:
Życiowe prawdy:
Każdy róg jest dobry
Póki nie jest zły
A wtedy jest bardzo zły
Filozofia przetrwania:
Nie ma złych pozycji
Są tylko złe decyzje
I bardzo złe decyzje
Rady dla początkujących:
Zacznij powoli
Kontynuuj powoli
Zakończ powoli
Po prostu bądź powolny
EPILOG: "SŁOWA MĄDROŚCI"
PAMIĘTAJ MŁODY PADAWANIE:
Peek-a-boom to nie tylko taktyka
To styl życia
To filozofia
To... *boom* (ups, wychyliłem się za daleko)
PS. Jeśli po przeczytaniu tego poradnika nadal giniesz - gratulacje! Jesteś normalny. Nikt nie jest idealnym miejskim ninją od razu. Niektórzy nie są nigdy. Większość nie jest. Właściwie... czy ktokolwiek jest?

Rozdział 14: Ekonomia w grze, czyli jak nie zbankrutować kupując złote pociski

PORADNIK MŁODEGO BIZNESMENA CZOŁGOWEGO (znaleziony w portfelu zdesperowanego gracza)

LEKCJA 1: PODSTAWY EKONOMII CZOŁGOWEJ Prowadzący: Prof. dr hab. Złoty Pocisk Uniwersytet Pustego Portfela

WYKŁAD WSTĘPNY: "Jak sprawić, żeby twoja mama nie zauważyła wydatków na grę"

PODSTAWOWE POJĘCIA:
Kredyty = wirtualne pieniądze
Gold = prawdziwe pieniądze (ups!)
Premium = sposób na szybsze bankructwo
Naprawa = gdzie znikają twoje oszczędności

MATEMATYKA DLA CZOŁGISTÓW:
Równanie 1: Złote pociski + Brak celności = Podwójne bankructwo
Równanie 2: Premium konto + Zero umiejętności = Droga porażka
Równanie 3: Darmowe konto + Skill = Powolny, ale pewny zysk

LEKCJA 2: BUDŻETOWANIE

TYPOWY BUDŻET GRACZA: 💰 Przychody:
Kieszonkowe: 50 zł
Pieniądze na obiady: 100 zł
Prezent od babci: 100 zł

💰 Wydatki:
Premium konto: 150 zł
Złote pociski: 99 zł
Chipsy do grania: 1 zł

WYNIK: Głodny, ale przynajmniej masz premium!

LEKCJA 3: PORADY OSZCZĘDNOŚCIOWE

JAK ZAOSZCZĘDZIĆ: ✓ Strzelaj tylko gdy musisz ✗ Spam gold ammo na krzaki

✓ Naprawiaj tylko gdy konieczne ✗ Full repair po każdym zadrapaniu

✓ Używaj standardowej amunicji ✗ Złote pociski na czołg z 1 HP

LEKCJA 4: HISTORIE Z ŻYCIA WZIĘTE
PRZYPADEK #1: "Złoty Szał" Jan, lat 13 "Myślałem, że złote pociski = pewne trafienie. Teraz wiem, że złote pociski = puste konto"
PRZYPADEK #2: "Premium Marzenia" Kasia, lat 14 "Kupiłam premium. Nadal gram jak noob, ale przynajmniej szybciej wracam do garażu!"
LEKCJA 5: QUIZ EKONOMICZNY
P: Co zrobić gdy skończą się kredyty? a) Płakać b) Błagać rodziców c) Grać lepiej d) Wszystkie powyższe
LEKCJA 6: PRAKTYCZNE PORADY
PLAN "PRZETRWAĆ DO WYPŁATY":
Dzień 1-7:
Używaj standardowej amunicji
Módl się o trafienia
Naucz się celować
Dzień 8-14:
Nadal używaj standardowej amunicji
Wciąż się módl
Celowanie nadal trudne
Dzień 15-30:
Zaakceptuj, że złote pociski nie zastąpią skilla
LEKCJA 7: MITY I FAKTY
MIT: "Złote pociski zawsze penetrują" FAKT: Tylko twój portfel
MIT: "Premium konto zrobi ze mnie pro" FAKT: Będziesz tylko szybciej wracać do garażu
MIT: "Muszę kupić wszystkie czołgi" FAKT: Twój portfel się nie zgadza
LEKCJA 8: SYSTEM TRZECH SKARBONEK
SKARBONKA 1: "Na naprawy" (zawsze pusta)
SKARBONKA 2: "Na premium" (również pusta)
SKARBONKA 3: "Na złote pociski" (zgadnij co? Też pusta!)
LEKCJA 9: PSYCHOLOGIA WYDAWANIA
FAZY ZAKUPOWEGO SZAŁU:
Faza 1: Ekscytacja "WOW! Mam złote pociski!"
Faza 2: Testowanie "Dlaczego nadal nie trafiam?"
Faza 3: Zaprzeczenie "To na pewno lag..."

47

Faza 4: Akceptacja "Jestem po prostu noobem z drogą amunicją."

LEKCJA 10: KOŃCOWE WNIOSKI

ZŁOTE ZASADY:

Skill > Gold

Trening > Premium

Cierpliwość > Szybkie wydawanie

ŚWIADECTWO UKOŃCZENIA KURSU:

Gratulujemy! Ukończyłeś kurs ekonomii czołgowej! Teraz wiesz jak:

Nie wydawać fortuny na grę

Albo przynajmniej robić to mądrze

Kogo oszukujemy, i tak wydasz!

DODATEK SPECJALNY: "Jak wytłumaczyć rodzicom rachunek z World of Tanks"

WYMÓWKA 1: "To inwestycja w moją przyszłość!" (Skuteczność: 0%)

WYMÓWKA 2: "Hakierzy ukradli dane karty!" (Skuteczność: -10%)

WYMÓWKA 3: "To na edukację historyczną!" (Skuteczność: może zadziałać na nauczyciela historii)

PS. Jeśli nadal wydajesz za dużo na grę, pamiętaj - zawsze możesz wrócić do Minecraft'a!

PPS. Albo lepiej nie, tam też są mikrotransakcje...

PPPS. Może po prostu zacznij zbierać znaczki?

Rozdział 15: 53TP Markowskiego - poradnik cierpliwego snajpera

PROGRAM TV: KANAŁ CZOŁGOWY 24/7 (Przewodnik po dzisiejszych programach)
06:00 - PORANNY PROGRAM "OBUDŹ SIĘ Z 53TP" Prowadzący: Kapitan Celownik
"Dzień dobry czołgiści! Dziś w programie:
Jak celować z zamkniętymi oczami
Medytacja snajperska
Joga dla wieżyczki
Przepis na idealne śniadanie snajpera (dużo kawy!)"
07:00 - SERIAL "ŻYCIE NA CELOWNIKU" Odcinek 1: "Przygody młodego snajpera"
[Scena 1] Młody Snajper: "Mamo, chcę zostać snajperem!"
Mama: "Synku, ale ty nawet w wannę nie trafiasz..." Młody Snajper: "To przez lag!"
09:00 - TELETURNIEJ "ZGADNIJ GDZIE TRAFIĘ"
Prowadzący: "Za 100 punktów - gdzie trafi ten pocisk?"
Uczestnik: "W cel!" [strzał] Prowadzący: "Niestety, trafił w krzak... jak zwykle."
10:00 - DOKUMENT "SEKRETY CELOWANIA"
TAJNE TECHNIKI MISTRZÓW:
"Metoda Zen"
Zamknij oczy
Poczuj cel
Otwórz oczy
Ups, cel już uciekł
"Technika Spadającej Gwiazdy"
Wyceluj wysoko
Pomódl się
Strzel
Obserwuj jak pocisk leci gdzieś w kosmos
12:00 - PROGRAM KULINARNY "GOTUJ Z SNAJPEREM"
Przepis na udany strzał: Składniki:
Szczypta cierpliwości
Garść szczęścia

Tona nadziei
RNG do smaku
14:00 - REALITY SHOW "SNAJPER SZUKA CELU"
Odcinek dzisiejszy: "53TP szuka miłości... znaczy celu"
Speed dating z różnymi celami
Dramatyczne pudła
Nieoczekiwane trafienia
Płacz i zgrzytanie gąsienic
16:00 - SERIAL KOMEDIOWY "PUDŁA I PUDEŁKA"
Najpopularniejsze wymówki snajperów:
"Wiatr zawiał"
"Słońce świeciło"
"Kot przebiegł przez pokój"
"To nie ja, to lag!"
18:00 - PROGRAM EDUKACYJNY "FIZYKA DLA SNAJPERA"
Dzisiejszy temat: "Dlaczego mój pocisk leci w prawo, gdy celuję w lewo?"
Teoria względności snajperskiej: $E = mc^2$ gdzie: E = ilość Epickich Pudeł m = masa twoich wymówek c = prędkość z jaką tracisz kredyty
20:00 - TALK SHOW "WIECZÓR Z CELOWNIKIEM"
Gość specjalny: 53TP Markowski Temat: "Jak żyć ze świadomością, że trafia się raz na 10 strzałów"
22:00 - HORROR "NOC SNAJPERA"
Straszne historie:
Czołg bez celownika
RNG przeciwko tobie
Skończona amunicja
Lag w kluczowym momencie
REKLAMY MIĘDZY PROGRAMAMI:
REKLAMA 1: "Masz dość pudłowania? Kup nasz magiczny celownik!" (Efekty mogą się różnić od pokazanych w reklamie)
REKLAMA 2: "Nowy spray 'Trafiam Wszystko'!" (Uwaga: Nie działa na czołgi)
REKLAMA 3: "Szkoła Snajperska im. Pudła Wielkiego" Motto: "Nie ważne jak, ważne że strzelamy!"
PROGRAM NA JUTRO:

06:00 - "Jak przestać bać się strzelania" 07:00 - "Meditation with 53TP" 08:00 - "Celowanie dla opornych" [...]
OGŁOSZENIA PARAFIALNE:
KUPIĘ:
Celność
Cierpliwość
Nowe nerwy Płacę dobrze!
SPRZEDAM:
Kolekcję pudeł
Używane wymówki
Stare cele Tanio!
PORADY TECHNICZNE:
Q: Dlaczego nie trafiam? A: Tak.
Q: Kiedy zacznę trafiać? A: Może jutro. Może za tydzień. Może nigdy.
Q: Co robić gdy pudłuję? A: Udawaj, że tak miało być.
PROGNOZA POGODY DLA SNAJPERÓW:
Dziś:
Widoczność: słaba
Wiatr: zawsze w złą stronę
Szansa na trafienie: 10%
Szansa na wymówki: 100%
HOROSKOP SNAJPERSKI:
Baran: Dziś trafisz... w coś Byk: Lepiej nie strzelaj dzisiaj
Bliźnięta: Spróbuj celować w drugą stronę [...]
PS. Jeśli po całym dniu oglądania nadal nie trafiasz - nie martw się! Zawsze możesz zostać artylerią... (ale wtedy nikt nie będzie cię lubił)
PPS. Pamiętaj: nie ważne ile razy pudłujesz, ważne że się dobrze bawisz! (To kłamstwo, ważne jest by trafiać, ale próbujemy być pozytywni)

Rozdział 16: Mapy i miejscówki - gdzie się chować, a gdzie szarżować

PRZEWODNIK TURYSTYCZNY WORLD OF TANKS WYDANIE SPECJALNE: "NAJLEPSZE MIEJSCA NA WAKACJE CZOŁGOWE"

✈️🧳 BIURO PODRÓŻY "PANCERNY TURYSTA" PRZEDSTAWIA:
HIMMELSDORF - MIASTO TYSIĄCA ZAKAMARKÓW

👍 POLECANE:
Wąskie uliczki (idealne na randkę z wrogiem)
Zamek na wzgórzu (dla fanów średniowiecznych klimatów)
Tory kolejowe (pociągi nie jeżdżą, sprawdzone!)

🚩 UNIKAĆ:
Otwartych przestrzeni (chyba że masz życiowe ubezpieczenie)
Środka mapy (znane też jako "dolina śmierci")
Miejsca gdzie właśnie pojechał cały team (bo zaraz ich tam nie będzie)

🎯 PROKHOROVKA - RAJ DLA KAMPERÓW
PRZEWODNIK SURVIVALOWY:
Krzaki są twoimi przyjaciółmi
Pola są twoimi wrogami
Tory kolejowe to pułapka
Wzgórze to pułapka
Właściwie wszystko to pułapka

MALINOVKA - ZIELONE WAKACJE
PORADNIK POCZĄTKUJĄCEGO FARMERA:
Pole: miejsce gdzie umierają marzenia
Las: miejsce gdzie czają się koszmary
Wzgórze: miejsce gdzie wszystko się kończy

RUINBERG - MIEJSKIE SAFARI
TRASA TURYSTYCZNA: Start: Baza Punkt 1: Pierwsza ściana Punkt 2: Druga ściana Punkt 3: Powrót do garażu

MINES - GÓRSKIE KLIMATY
WSKAZÓWKI DLA WSPINACZY:
Góra jest wysoka
Spadanie boli
Grawitacja działa
Lepiej nie sprawdzać jak bardzo

52

🔲 **SPECJALNA SEKCJA: MIEJSCÓWKI DLA RÓŻNYCH TYPÓW CZOŁGÓW**

DLA LEKKICH:
Wszędzie gdzie możesz biegać
Nigdzie gdzie możesz dostać
Najlepiej tam gdzie nikt cię nie widzi

DLA ŚREDNICH:
Miejsca z dobrym widokiem
I dobrą kryjówką
I planem ewakuacji

DLA CIĘŻKICH:
Gdziekolwiek, jesteś przecież czołgiem ciężkim!
(ale lepiej nie na otwartej przestrzeni)
(i nie pod górę)
(właściwie to lepiej zostań w bazie)

🎬 **ILUSTROWANY PRZEWODNIK PO TYPOWYCH SYTUACJACH:**
SYTUACJA 1: "YOLO RUSH" Przed: 15 czołgów Po: 15 wraków
Wniosek: Nie rób tego
SYTUACJA 2: "STRATEGICZNE CZEKANIE" Minuta 1: Wszyscy kampią Minuta 14: Nadal kampią Wynik: Remis po czasie
SYTUACJA 3: "SAMOTNY WILK" Plan: Zajść wroga od tyłu Rzeczywistość: Spotkanie całej wrogiej drużyny Rezultat: Szybki powrót do garażu

🎮 **INTERAKTYWNY PRZEWODNIK PRZETRWANIA:**
TEST: GDZIE POWINIENEŚ SIĘ SCHOWAĆ?
Pytanie 1: Widzisz wroga, on cię nie widzi. Co robisz? a) Strzelasz (i pudłujesz) b) Czekasz (aż cię zauważy) c) Uciekasz (jedyne dobre rozwiązanie)
Pytanie 2: Jesteś sam przeciw pięciu wrogom. Gdzie się chowasz? a) Za krzakiem b) Za wrakiem c) W garażu (najlepszy wybór)

🌲 **NOTATKI TERENOWE:**
ZASADA #1: WYBÓR POZYCJI Dobre miejsce = Możesz strzelać + Nie mogą cię trafić Złe miejsce = Wszystko inne
ZASADA #2: OCENA SYTUACJI Jeśli widzisz więcej niż 3 wrogie czołgi:
To za dużo wrogich czołgów

Zmień pozycję
Natychmiast
ZASADA #3: PLANOWANIE ODWROTU
Zawsze miej plan ucieczki
I zapasowy plan ucieczki
I jeszcze jeden na wszelki wypadek

🎭 TEATR WOJENNY: TYPOWE SCENARIUSZE
AKT 1: "BITWA O WZGÓRZE" Scena 1: Wszyscy pędzą na górę
Scena 2: Wszyscy giną na górze Scena 3: Arty się cieszy
AKT 2: "MIEJSKIE POTYCZKI" Scena 1: Czołg wyjeżdża zza rogu
Scena 2: Czołg dostaje Scena 3: Czołg żałuje

🎯 KOŃCOWE WSKAZÓWKI:
ZŁOTE MYŚLI:
Najlepsza pozycja to ta, z której możesz uciec
Drugi najlepszy spot to garaż
Jeśli plan wydaje się głupi, prawdopodobnie jest
CZERWONE FLAGI: ▶ Wszyscy jadą w to samo miejsce ▶ Nikt nie jedzie w to miejsce ▶ To miejsce wygląda zbyt dobrze ▶ To miejsce wygląda zbyt bezpiecznie
PS. Pamiętaj: nie ma złych miejscówek, są tylko złe decyzje! (To kłamstwo, są złe miejscówki. Mnóstwo złych miejscówek.)
PPS. Jeśli wszystkie te rady zawiodą, zawsze możesz: a) Zmienić grę b) Zmienić hobby c) Udawać, że tak miało być

Rozdział 17: 60TP Lewandowskiego - jak być młotem polskiej nacji

PODRĘCZNIK SUPERBOHATERA (znaleziony w kokpicie 60TP)
ROZDZIAŁ I: ORIGIN STORY
Pewnego dnia zwykły czołg ciężki otrzymał supermoce...
SUPERBOHATER: 60TP "MŁOT" ALTER EGO: Zwykły czołg z garażu SUPERMOCE:
Działo wielkości rury kanalizacyjnej
Pancerz grubszy niż wymówki ucznia
Zdolność do wywoływania paniki u przeciwników SŁABOŚCI:
Mobility jak lodówka na kółkach
Magnetyzm pocisków arty
Uzależnienie od mechaników
SUPERBOHATERSKI PORADNIK PRZETRWANIA:
POZIOM 1: POCZĄTKUJĄCY HEROS
Naucz się używać swojej supermocy (wielkiego działa)
Nie wpadaj w panikę gdy wróg strzela
Pamiętaj, że nie jesteś Flashem (serio, jesteś BARDZO wolny)
POZIOM 2: MIEJSKI OBROŃCA
Chroń sojuszników (stając przed nimi)
Przyjmuj pociski na klatę (i tak się odbiją)
Udawaj, że to nie boli (nawet gdy boli)
POZIOM 3: PANCERNY MISTRZ
Opanuj sztukę bycia ścianą
Naucz się śmiać z pocisków przeciwnika
Zapomnij o znaczeniu słowa "cofać"
CODZIENNY ROZKŁAD SUPERBOHATERA:
08:00 - Pobudka i rozgrzewka pancerza 08:15 - Śniadanie (minimum 10000 kalorii) 08:30 - Pierwsza epicka bitwa 08:31 - Pierwsza epicka naprawa 08:45 - Próba numer 2 [...] 23:59 - Nadal próbujemy
SUPERBOHATERSKI KODEKS:
ARTYKUŁ 1: PODSTAWOWE ZASADY §1. Nigdy się nie poddawaj §2. Chyba że skończyły ci się HP §3. Albo mechanik poszedł na przerwę §4. W sumie to możesz się czasem poddać
ARTYKUŁ 2: ETYKA SUPERBOHATERA

Nie strzelaj do małych czołgów (chyba że cię wkurzą)
Pomagaj sojusznikom (jeśli akurat nie jesteś zajęty)
Bądź wzorem do naśladowania (przynajmniej próbuj)
SUPERBOHATERSKIE PORADY:
JAK BYĆ PRAWDZIWYM HEROSEM:
Stań na środku mapy
Wykrzyknij coś epickiego
Zignoruj śmiech przeciwników
Pokaż im swoją moc
Wróć do garażu z honorem
SUPERBOHATERSKIE GADŻETY:
PODSTAWOWE WYPOSAŻENIE:
Mega-działo (w komplecie)
Super-pancerz (miejscami dziurawy)
Apteczka (zawsze się przyda)
Gaśnica (BARDZO się przyda)
Zestaw naprawczy (twój najlepszy przyjaciel)
SEKCJA SPECJALNA: EPICKIE WALKI
SCENARIUSZ 1: "POJEDYNEK Z ZŁOCZYŃCĄ" Ty: *stoisz dumnie*
Wróg: *strzela* Ty: "Ha! Nawet nie drasnąłeś!" *5 sekund później*
Mechanik: "Znowu ty?"
SCENARIUSZ 2: "OBRONA MIASTA" Ty: "Nie przejdziecie!"
Wrogowie: *przechodzą* Ty: "To nie fair, było ich więcej!"
SUPERBOHATERSKIE WYMÓWKI:
DLACZEGO PRZEGRAŁEŚ:
Słońce świeciło za jasno
Księżyc świecił za ciemno
Wiatr był w złą stronę
RNG nie współpracował
To wszystko wina lagu
SUPERBOHATERSKIE OSIĄGNIĘCIA:
🏆 "Tank Wall" - za przyjęcie 10000 obrażeń 🏆 "Immovable Object" - za stanie w miejscu całą bitwę 🏆 "Mechanic's Nightmare" - za rekordową liczbę napraw 🏆 "Heavy Metal" - za zmiażdżenie wroga samym widokiem
SUPERBOHATERSKIE CYTATY:

"Z wielką mocą wiąże się... duży rachunek za naprawy." "Nie jestem gruby, jestem pancerny!" "Kto powiedział, że bohaterowie muszą być szybcy?"
SUPERBOHATERSKI TESTAMENT:
JEŚLI ZGINĘ W WALCE:
Moje złoto przekażcie na naprawy
Moje kredyty na nowe działo
Moje wymówki rozdajcie potrzebującym
Mój honor... jaki honor?
PS. Jeśli po przeczytaniu tego podręcznika nadal nie czujesz się superbohaterem, nie martw się! Nawet Batman zaczynał od podstaw. Chociaż on miał lepszy sprzęt. I więcej kredytów. I szybszy pojazd. W sumie to kiepskie porównanie...
PPS. Pamiętaj: każdy bohater kiedyś był noobem. Niektórzy nadal są, ale udają że nie.
PPPS. Jeśli wszystko inne zawiedzie, zawsze możesz krzyknąć "Za Polskę!" i ruszyć do przodu. Nie pomoże, ale przynajmniej będzie epicko!

Rozdział 18: Jak nie wpaść w panikę, gdy zostało ci 1 HP

SZPITAL POLOWY "OSTATNI HP" Oddział Intensywnej Terapii Czołgowej Karta pacjenta #2137
DANE PACJENTA: Imię: Zdesperowany Nazwisko: Czołgista Stan: Krytycznie spanikowany HP: 1 Status: Drżące gąsienice
WYWIAD LEKARSKI: P: Co pan czuje? O: AAAAAAAAAAAAA!!! P: Proszę się uspokoić... O: AAAAAAAAAAAAA!!! P: *zapisuje Valium*
DIAGNOZA WSTĘPNA:
Ostry atak paniki
Chroniczny brak HP
Zespół stresu pouderzenioweg
Silna alergia na pociski przeciwnika
ZALECENIA LEKARSKIE:
RECEPTA #1: "Jak się uspokoić" Rano:
2 głębokie wdechy
1 spokojna myśl
3 pozytywne afirmacje
Wieczorem:
1 modlitwa do RNGesusa
2 przekleństwa (opcjonalnie)
Nieograniczona ilość płaczu
RECEPTA #2: "Co robić z 1 HP"
KROK 1: Nie panikuj (Jeśli to niemożliwe, przejdź do kroku 2)
KROK 2: Panikuj z godnością
Krzycz po cichu
Drżyj dyskretnie
Płacz do wewnątrz
KROK 3: Zaakceptuj swój los
To tylko gra
Życie toczy się dalej
Kto w ogóle potrzebuje HP?
GRUPA WSPARCIA "OSTATNI MOHIKANIN":
ŚWIADECTWA PACJENTÓW:
Pacjent #1: "Myślałem, że to koniec... ale przeżyłem całą bitwę z 1 HP!" (Później trafił go własny sojusznik)

Pacjent #2: "Nauczyłem się żyć z 1 HP. Teraz boję się tylko... wszystkiego."
Pacjent #3: "Kto potrzebuje HP? Ja! JA POTRZEBUJĘ HP!"
PORADNIK PSYCHOLOGICZNY:
FAZY AKCEPTACJI 1 HP:
Zaprzeczenie "To niemożliwe, na pewno mam więcej HP!"
Złość "KTO MNIE TRAFIŁ?!"
Targowanie "Drogi RNGesusie, jeśli przeżyję, obiecuję, że już nigdy..."
Depresja "Po co w ogóle gram..."
Akceptacja "Lol, i tak długo nie pożyję"
ĆWICZENIA RELAKSACYJNE:
TECHNIKA #1: "Spokojny czołg"
Zamknij oczy
Wyobraź sobie pełne HP
Otwórz oczy
Płacz
TECHNIKA #2: "Zen czołgisty"
Oddychaj głęboko
Licz do 10
Przerwij liczenie bo wróg strzela
PANIKUJ
PRZEPISY NA USPOKOJENIE:
HERBATKA "SPOKÓJ DUCHA": Składniki:
Łzy czołgisty
Esencja strachu
Odrobina nadziei
Kostka cukru (bo życie jest już wystarczająco gorzkie)
EMERGENCY KONTAKTY:
TELEFONY ALARMOWE:
Pogotowie mechaniczne: 997
Straż pożarna (gdy się palisz): 998
Pogotowie HP: 999
Psycholog czołgowy: 112
WSKAZÓWKI PRZETRWANIA:
CO ROBIĆ: ✓ Chować się za wszystkim ✓ Modlić się do RNGesusa ✓ Pisać testament

CZEGO NIE ROBIĆ: ✘ Wyjeżdżać na otwartą przestrzeń ✘ Prowokować arty ✘ Ufać sojusznikom
OSTATNIA WOLA I TESTAMENT:
Ja, niżej podpisany, będąc w pełni władz umysłowych (wątpliwe) i z 1 HP, oświadczam co następuje:
Moje kredyty przekazuję na fundację "Pomoc Noobom"
Moje złoto niech przepadnie
Mój honor... jaki honor?
PORADY OD WETERANÓW:
"Jak żyć z 1 HP":
Ostrożnie
Bardzo ostrożnie
Ekstremalnie ostrożnie
A najlepiej wcale
MEDYTACJE KOŃCOWE:
MANTRA PRZETRWANIA: "Jestem jednością z krzakiem" "HP to tylko liczba" "Śmierć i tak jest nieunikniona"
PS. Jeśli przeżyjesz z 1 HP całą bitwę, gratulacje! Jesteś albo mistrzem, albo nikt cię nie zauważył.
PPS. Pamiętaj: nie ważne ile masz HP, ważne jak ich używasz! (To kłamstwo, HP są bardzo ważne, ale próbujemy być pozytywni)
PPPS. W razie dalszych objawów paniki, proszę skontaktować się z najbliższym garażem.
[KONIEC KARTY PACJENTA] Podpis lekarza: Dr. Med. Czołg von Mechanik Data: Jak najszybciej Pieczątka: *rozmazana od łez*

Rozdział 19: DS PZInż - pierwszy krok w świat polskich niszczycieli

PODRĘCZNIK SKRYTOBÓJCY PANCERNEGO (napisany ołówkiem na papierze pakowym)
LEKCJA 1: DLACZEGO DS PZInż? ▬·☐ NOTATKA UCZNIA: "Bo był za darmo..."
STRESZCZENIE PIERWSZEGO DNIA: 08:00 - Dostałem DS PZInż
08:01 - Gdzie jest wieżyczka? 08:02 - Aha, nie ma... 08:03 - Jak tym się obraca? 08:04 - Powrót do garażu
DZIENNIK MŁODEGO NISZCZYCIELA:
WPIS #1: PIERWSZE WRAŻENIA Drogi Pamiętniku, Dziś poznałem mój pierwszy niszczyciel. Jest... specyficzny. Jak kanapka z masłem - niby prosta sprawa, ale czasem trudno trafić do ust.
ZASADY PRZETRWANIA W DS PZInż:
REGUŁA #1: PODSTAWY ŻYCIA
Nie masz wieżyczki
Pogódź się z tym
Serio, ona nie wyrośnie
Przestań sprawdzać
REGUŁA #2: PORUSZANIE SIĘ
Do przodu = dobry pomysł
Do tyłu = zły pomysł
Na boki = BARDZO zły pomysł
W kółko = co ty robisz?
TAJEMNA WIEDZA PRZEKAZYWANA Z POKOLENIA NA POKOLENIE:
SEKRET #1: "Sztuka kamuflażu"
Jesteś płaski jak naleśnik
Wykorzystaj to
Udawaj krzak
Bądź krzakiem
Kochaj krzak
SEKRET #2: "Celowanie bez wieżyczki" Step 1: Znajdź cel Step 2: Obróć CAŁY czołg Step 3: Ups, cel uciekł Step 4: Powtórz od Step 1
PORADNIK POCZĄTKUJĄCEGO ZABÓJCY:

JAK PRZETRWAĆ PIERWSZE 5 MINUT: Minuta 1: Nie wyjeżdżaj na środek Minuta 2: SERIO, nie wyjeżdżaj na środek Minuta 3: Powiedziałem NIE WYJEŻDŻAJ Minuta 4: *facepalm* Minuta 5: Powrót do garażu

LISTA RZECZY KTÓRYCH NIE ROBIĆ:
Nie próbuj kręcić wieżyczką (nie ma jej)
Nie wjeżdżaj na strome wzgórza
Nie próbuj walczyć w zwarciu
Nie ignoruj poprzednich punktów

WSKAZÓWKI TAKTYCZNE:
POZYCJA STRZELECKA: Dobra:
Za krzakiem
Za kamieniem
Za wrakiem
Zła:
Na otwartej przestrzeni
Na wzgórzu
Wszędzie indziej

DZIENNIK OBSERWACJI:
DZIEŃ 1: "Dziś nauczyłem się, że czołg bez wieżyczki to jak rower bez kierownicy - niby można jechać, ale po co?"
DZIEŃ 2: "Odkryłem, że obracanie całym czołgiem to nie to samo co obracanie wieżyczką. Kto by pomyślał?"
DZIEŃ 3: "Próbowałem zaprzyjaźnić się z krzakiem. Krzak nie był zainteresowany."

PORADY PRAKTYCZNE:
JAK CELOWAĆ:
Metoda standardowa:
Wyceluj
Obróć czołg
Przestrzel
Powtórz
Metoda zaawansowana:
Zamknij oczy
Strzel
Módl się
Akceptuj rezultat

WSKAZÓWKI MISTRZÓW:
MISTRZ WANG: "Bądź jak bambus - giętki ale nieuginający się" (Nie mamy pojęcia co to znaczy)
MISTRZ CHEN: "Podążaj za celem jak cień" (Ale nie za szybko, bo się zmęczysz)
MISTRZ KOWALSKI: "Po prostu strzelaj, może trafisz" (Wreszcie jakaś konkretna rada!)

SŁOWNIK TERMINÓW:
Wieżyczka - ta rzecz której nie masz Mobilność - mit Obrót kadłuba - twój najlepszy przyjaciel/wróg Celowanie - sztuka czekania aż wróg sam wjedzie na cel

QUIZ SPRAWDZAJĄCY:
P: Co zrobić gdy wróg jest z boku? a) Panikować b) Płakać c) Uciekać d) Wszystko naraz
P: Jak szybko obrócić czołg? a) Szybko b) Bardzo szybko c) Niemożliwe d) Po co w ogóle próbować?

KOŃCOWE PRZEMYŚLENIA:
DLACZEGO DS PZInż? ✓ Bo jest darmowy ✓ Bo uczy pokory ✓ Bo każdy następny czołg będzie lepszy ✓ Bo czemu nie?

PS: Jeśli po przeczytaniu tego poradnika nadal chcesz grać DS PZInż, gratulacje! Jesteś albo bardzo odważny, albo nie masz innych czołgów. W obu przypadkach - współczujemy.

PPS: Pamiętaj, że brak wieżyczki to nie wada - to feature! (Kłamstwo, ale brzmi lepiej)

PPPS: Jeśli wszystko inne zawiedzie, zawsze możesz udawać, że jesteś bardzo długim, płaskim krzakiem.

Rozdział 20: Podstawy celowania - nie, crosshair nie jest ozdobą

SZKOLNA KRONIKA Liceum Czołgowe im. Zielonego Celownika
Rok szkolny 2025 Klasa: 1A "Strzelcy Wyborowi" (albo przynajmniej próbujący)
PIERWSZY DZIEŃ SZKOŁY:
8:00 - APEL PORANNY Dyrektor: "Witamy w nowym roku szkolnym!" Uczniowie: *udają, że wiedzą gdzie jest spust*
8:15 - SPRAWDZANIE OBECNOŚCI Nauczyciel: "Kto umie celować?" *cisza* Nauczyciel: "Świetnie, zaczynamy od podstaw..."
LEKCJA 1: MATEMATYKA CELOWANIA
ZADANIE 1: Jeśli czołg A jedzie z prędkością 40 km/h, a czołg B stoi w miejscu, to dlaczego nadal nie możesz trafić? a) Bo fizyka b) Bo RNG c) Bo życie d) Wszystkie odpowiedzi prawidłowe
LEKCJA 2: BIOLOGIA CELOWNIKA
BUDOWA CELOWNIKA:
Zielony krzyżyk (ta rzecz którą ignorujesz)
Kółeczko (to drugie co ignorujesz)
Kropeczki (te małe rzeczy które... tak, też ignorujesz)
PRZERWA NA DRUGIE ŚNIADANIE: *Uczniowie ćwiczą celowanie w kanapki* Skuteczność: 2/10 Głód: 10/10
LEKCJA 3: GEOGRAFIA STRZAŁU
MAPA TRAFIEŃ: 🎯 Gdzie chcesz trafić ✖ Gdzie trafiasz ○ Gdzie jest przeciwnik ☐ Gdzie jest ten przeklęty krzak
LEKCJA 4: HISTORIA PUDŁOWANIA
SŁYNNE CYTATY: "Przyszedłem, zobaczyłem, spudłowałem" - Juliusz Cezar, prawdopodobnie "To mały krok dla czołgu, wielki skok dla celownika" - Neil Armstrzelec
LEKCJA 5: FIZYKA STRZAŁU
PRAWA NEWTONA W PRAKTYCE:
Obiekt w ruchu pozostanie w ruchu, chyba że trafi go pocisk (co jest mało prawdopodobne)
Siła równa się masa razy przyspieszenie, ale kogo to obchodzi gdy i tak nie trafisz

Każdej akcji towarzyszy reakcja, zazwyczaj w postaci śmiechu przeciwnika

PRZERWA OBIADOWA: Dzisiejsze menu:
Zupa z wyrzutów sumienia
Kotlet z pudłowaniem
Kompot z łez czołgisty

LEKCJA 6: WYCHOWANIE FIZYCZNE
ĆWICZENIA:
Rozgrzewka celownika
Skłony do spustu
Przysiady z celowaniem
Bieg do garażu (najczęściej wykonywane)

LEKCJA 7: GODZINA WYCHOWAWCZA
TEMAT: "Dlaczego pudłujemy?" Wnioski klasy:
Bo tak
Bo wszyscy
Bo można
Bo życie jest brutalne

SZKOLNY DZIENNICZEK UWAG:
UCZEŃ: Młody Strzelec KLASA: 1A UWAGI:
Ciągle pudłuje
Twierdzi, że to lag
Obwinia RNG
Normalny przypadek

RADA PEDAGOGICZNA POSTANAWIA:
ZALECENIA DLA UCZNIÓW:
Więcej ćwiczeń z celowania
Mniej wymówek
Zero strzelania na oślep
Proszę przestać obwiniać krzaki

GAZETKA SZKOLNA:
NAGŁÓWKI: "SENSACJA! Uczeń trafił cel!" "NIEWIARYGODNE! Ktoś użył celownika zgodnie z przeznaczeniem!" "SZOK! RNG było łaskawe!"

KĄCIK PORAD:
JAK POPRAWIĆ CELNOŚĆ:
Metoda naukowa:

Obserwuj
Celuj
Strzel
Powtórz
Metoda praktyczna:
Spam lewym przyciskiem myszy
Módl się
Akceptuj rezultaty
OGŁOSZENIA PARAFIALNE:
ZAGINĄŁ:
Cel w celowniku
Ostatnio widziany: nigdy
Nagroda za znalezienie
ZNALEZIONO:
Wymówki (dużo)
Właściciel proszony o nieodbieranie
ZAKOŃCZENIE ROKU:
ŚWIADECTWO UKOŃCZENIA: Uczeń: _____ Osiągnął następujące wyniki: Celowanie: 2 Pudłowanie: 5+ Wymówki: 6 Powroty do garażu: Celujący
PS. Jeśli po tej szkole nadal nie umiesz celować, nie martw się! Zawsze możesz zostać artylerią - tam przynajmniej nikt nie oczekuje, że będziesz trafiał.
PPS. Pamiętaj: celownik to twój przyjaciel... nawet jeśli czasem wydaje się twoim największym wrogiem.
PPPS. W razie dalszych problemów z celowaniem, rozważ grę w Minecraft. Tam przynajmniej bloki są kwadratowe i się nie ruszają.

Rozdział 21: B.U.G.I. - jak wykorzystać błędy terenu
SPRAWOZDANIE Z TAJNEGO LABORATORIUM BADAWCZEGO
"INSTYTUT DZIWNYCH ZACHOWAŃ CZOŁGÓW" KOD PROJEKTU: YOLO-2137
STATUS: ŚCIŚLE TAJNE (albo i nie) PRIORYTET: WYSOKI (jak czołg na górce)
RAPORT #1: DZIWNE ZJAWISKA NA POLU BITWY
ODKRYCIE 1: "LATAJĄCY CZOŁG" Czas: 15:30 Miejsce: Wzgórze na Prokhorovce Opis zjawiska: Polski czołg nagle postanowił zostać samolotem Wynik badania: Grawitacja to tylko sugestia
RAPORT TERENOWY: "Nagle czołg zaczął się unosić. Załoga twierdzi, że to normalne. Fizycy płaczą."
ODKRYCIE 2: "WSPINAJĄCY SIĘ CZOŁG" Lokalizacja: Pionowa ściana Zjawisko: Czołg wspina się jak pająk Wyjaśnienie naukowe: Magic.exe
NOTATKI BADACZA: "Drogi dzienniku, dziś widziałem czołg wspinający się po pionowej ścianie. Chyba muszę rzucić palenie..."
ODKRYCIE 3: "TELEPORTUJĄCY SIĘ CZOŁG" Gdzie: Tu i tam Kiedy: Czasami Dlaczego: ¯_(ツ)_/¯
BADANIE TERENOWE:
EKSPERYMENT #1: "SKOK NAD PRZEPAŚCIĄ" Hipoteza: Czołg nie potrafi latać Wynik: Hipoteza obalona Wnioski: Fizyka płacze w kącie
EKSPERYMENT #2: "SUPER PRZYSPIESZENIE" Cel: Sprawdzić maksymalną prędkość Rezultat: Błąd 404 - Fizyka not found Status: Mechanik się załamał
KLASYFIKACJA DZIWNYCH MIEJSC:
"MAGICZNE GÓRKI" Właściwości:
Przyciągają czołgi
Odpychają logikę
Powodują zawroty głowy u fizyków
"TAJEMNICZE SKAŁY" Cechy szczególne:
Czasem są twarde
Czasem nie istnieją
Zawsze trollują
"PODEJRZANE KRZAKI" Charakterystyka:

Pochłaniają pociski
Ukrywają czołgi
Łamią prawa fizyki
SEKCJA TAJNYCH SZTUCZEK:
TRIK #1: "GÓRSKA KOZA" Instrukcja:
Znajdź stromą górę
Zignoruj grawitację
Jedź
???
Profit!
TRIK #2: "QUANTUM LEAP" Kroki:
Znajdź dziwne miejsce
Wjedź w nie
Módl się
Zobacz co się stanie
DZIENNIK OBSERWACJI:
DZIEŃ 1: 09:00 - Znaleziono dziwne miejsce 09:01 - Czołg zaczął latać 09:02 - Fizycy się załamali 09:03 - Normalny dzień w WoT
DZIEŃ 2: 10:00 - Odkryto nowy bug 10:01 - Bug zniknął 10:02 - Bug wrócił 10:03 - Bug się obraził i poszedł
TAJNE KODY TERENOWE:
KOD #1: "YEET" Zastosowanie: Gdy czołg nagle leci w kosmos Skuteczność: 11/10 Efekty uboczne: Zawroty głowy
KOD #2: "WHOOPS" Użycie: Gdy grawitacja przestaje działać Skuteczność: Zależy od RNG Skutki: Mechanik płacze
RAPORT Z TESTÓW TERENOWYCH:
TEST 1: "WSPINACZKA" Cel: Wjechać tam gdzie się nie da Wynik: Udało się Fizyka: *ERROR 404*
TEST 2: "SUPER SKOK" Założenie: Czołgi nie latają Rzeczywistość: Hahahaha! Status: Newton przewraca się w grobie
WNIOSKI KOŃCOWE:
ODKRYCIA:
Fizyka to mit
Grawitacja to opcja
Bugi to feature
ZALECENIA:
Nie pytaj "dlaczego?"

Nie szukaj logiki
Po prostu korzystaj
OSTRZEŻENIA:
UWAGA #1: Korzystanie z bugów może powodować:
Zawroty głowy
Konfuzję przeciwników
Śmiech sojuszników
Płacz mechaników
UWAGA #2: Nie próbuj tego w domu! (Chociaż i tak spróbujesz)
KOŃCOWE MYŚLI:
TEORIA WZGLĘDNOŚCI WOT: $E = mc^2$ gdzie: E = ilość Epickich failów m = masa śmiechu c = prędkość z jaką fizyka przestaje działać
PS. Jeśli znajdziesz nowego buga:
Nie mów nikomu
Nagraj
Wrzuć na YouTube
Czekaj na fix
Znajdź nowego
PPS. Pamiętaj: To nie bug, to feature! (Tak, to kłamstwo, ale brzmi lepiej)
PPPS. W razie kontroli z Wargaming:
Nie widzieliśmy nic
Nic nie wiemy
Wszystko działa idealnie
Te filmy na YouTube to fotomontaż
[KONIEC RAPORTU] Podpis: Dr inż. Bug Finder Data: Error 404
Pieczęć: *nieczytelna z powodu bugu*

Rozdział 22: Spoty dla leniwych - miejsca, gdzie możesz drzemać i wygrywać

PORADNIK PROFESJONALNEGO KAMPERA "Sztuka Nicnierobienia na Polu Bitwy" Wydanie 2025

CODZIENNA GAZETA SPOTTERA

WYDANIE PORANNE: "SENSACJA! Znaleziono idealne miejsce do kampienia!" Szczegóły na stronie 2

NAGŁÓWKI:
"Top 10 krzaków, które musisz poznać!"
"Ekskluzywny wywiad z zawodowym kamperem!"
"Shocking! Gracz się ruszył i przeżył!"

KRONIKA TOWARZYSKA: Wczoraj na mapie Malinovka spotkali się najlepsi kamperzy świata. Nikt się nie ruszył. Impreza była bardzo udana.

OGŁOSZENIA DROBNE:
SPRZEDAM:
Używany krzak, lekko przydeptany
Idealny punkt obserwacyjny, mało używany
Miejsce z widokiem na całą mapę (czasami)
KUPIĘ:
Lornetkę z autoaimem
Niewykrywalny kamuflaż
Cierpliwość

PORADY EKSPERTA:
NAJLEPSZE MIEJSCA DO DRZEMKI:
"KRÓLEWSKI KRZAK" Lokalizacja: Gdzieś na Prokhorovce Zalety:
Dobry widok
Wygodny
Nikt tam nie zagląda Wady:
Czasami arty wie
"MAGICZNA GÓRKA" Miejsce: Każda mapa ma taką Plusy:
Wysoko = bezpiecznie
Dobry zasięg Minusy:
Wszyscy ją znają
Kolejki jak do lekarza

"SEKRETNY KĄT" Położenie: Nie powiem, bo przestanie być sekretny Zalety:
Jest sekretny
Naprawdę sekretny
Serio, nie powiem gdzie
PORADNIK PRZETRWANIA:
JAK BYĆ DOBRYM KAMPEREM:
POZIOM 1: "POCZĄTKUJĄCY LENIWIEC"
Znajdź krzak
Stań w krzaku
Nie ruszaj się
Czekaj
POZIOM 2: "ZAAWANSOWANY SPACZ"
Znajdź LEPSZY krzak
Stań tak żeby coś widzieć
Nadal się nie ruszaj
Czekaj dłużej
POZIOM 3: "MISTRZ NICNIEROBIENIA"
Perfekcyjny spot
Idealna pozycja
Zero ruchu
Osiągnij nirwanę
CODZIENNY ROZKŁAD ZAJĘĆ:
6:00 - Pobudka, szukanie spota 6:01 - Znalezienie spota 6:02 - 14:58 - Kampienie 14:59 - Panika bo ktoś cię znalazł 15:00 - Powrót do garażu
NIEZBĘDNIK KAMPERA:
PODSTAWOWE WYPOSAŻENIE:
Lornetka (obowiązkowo)
Poduszka (dla wygody)
Termos z kawą (dla czujności)
Wymówki (dużo)
ZAAWANSOWANE GADŻETY:
Książka (na długie bitwy)
Koc (bo czasem zimno)
Netflix (na telefonie)
Plan B (niepotrzebny, i tak nie zdążysz go użyć)

SŁOWNIK TERMINÓW:
CAMPING - sztuka strategicznego nicnierobienia SPOT - miejsce gdzie można udawać krzak ZASIĘG WYKRYCIA - ten moment gdy jest już za późno PANIKA - naturalna reakcja na wykrycie
WSKAZÓWKI OD MISTRZÓW:
MISTRZ WANG: "Najlepszy kamper to ten, którego nikt nie widział"
MISTRZ CHEN: "Bądź jak kamień - nieruchomy i nudny"
MISTRZ KOWALSKI: "Po prostu się nie ruszaj, lol"
NAJCZĘSTSZE PYTANIA:
P: Jak długo można kampić? O: Tak.
P: Co zrobić gdy ktoś mnie znajdzie? O: Panikuj.
P: Czy to działa? O: Czasami.
PSYCHOLOGIA KAMPERA:
FAZY AKCEPTACJI:
Zaprzeczenie - "Nie kampię, obserwuję"
Złość - "Kto mnie wykrył?!"
Targowanie - "Jeszcze 5 minut..."
Depresja - "I tak nikt mnie nie lubi"
Akceptacja - "Tak, jestem kamperem i co?"
MOTYWACYJNE CYTATY:
"Nie ważne jak grasz, ważne że się nie ruszasz" "Kampienie to nie wstyd, to strategia" "Lepiej żywy kamper niż martwy bohater"
KOŃCOWE WSKAZÓWKI:
ZŁOTE ZASADY:
Nie ruszaj się bez powodu
Nie ruszaj się z powodem
Po prostu się nie ruszaj
OSTRZEŻENIA:
UWAGA #1: Kampienie może powodować:
Utratę przyjaciół
Wściekłość sojuszników
Raportowanie przez team
Ale kogo to obchodzi?
UWAGA #2: Ten poradnik jest nieoficjalny i tajny (Chociaż wszyscy i tak wiedzą)

PS. Jeśli ktoś nazwie cię kamperem, podziękuj za komplement!
PPS. Pamiętaj: To nie lenistwo, to taktyka! (Tak, to kłamstwo, ale brzmi profesjonalnie)
PPPS. W razie kontroli z Wargaming:
Nie znamy pojęcia "camping"
My tylko "taktycznie obserwujemy"
Te wszystkie raporty to pomyłka
[KONIEC PORADNIKA] Autor: Profesjonalny Obserwator Terenu (aktualnie kampujący gdzieś na Prokhorovce)

Rozdział 23: Jak zostać MVP nie robiąc nic

DZIENNY ROZKAZ DOWÓDZTWA CZOŁGOWEGO Data: Dzisiaj (albo jutro, nie jesteśmy pewni) Status: Najlepszy w drużynie (jakoś)

TAJNY PLAN OPERACJI "LENIWY ZWYCIĘZCA"
GODZINA 0: ✉️ WIADOMOŚĆ PRZECHWYCONA Z CZATU: "jak on został MVP?!" "on nic nie robił!" "TO NIEMOŻLIWE!"

KROK PO KROKU JAK ZOSTAĆ NAJLEPSZYM:
FAZA 1: PRZYGOTOWANIE
Wybierz polski czołg (najlepiej taki co wygląda groźnie)
Znajdź wygodną pozycję (najlepiej z tyłu)
Przygotuj wymówki (będą potrzebne)

FAZA 2: REALIZACJA
Nie rób nic
Serio, nic
Kompletnie nic
Ale rób to profesjonalnie!

ZAPIS Z KAMER BEZPIECZEŃSTWA:
08:00 - Gracz wjeżdża na pozycję 08:01 - Gracz się nie rusza 08:30 - Gracz nadal się nie rusza 14:59 - Gracz zostaje MVP 15:00 - Wszyscy są zdezorientowani

SEKRETY SUKCESU:
JAK ZDOBYWAĆ PUNKTY NIC NIE ROBIĄC:
"Spotting passywny"
Stój w krzaku
Czekaj aż wróg sam wjedzie
Profit!

"Assistance damage"
Przypadkowo oświetl wroga
Niech inni strzelają
Zbieraj punkty

"Taktyczne nicnierobienie"
Udawaj że masz plan
Nie miej planu
Działaj jakbyś wiedział co robisz

PORADNIK WYMÓWEK:

CO POWIEDZIEĆ DRUŻYNIE: "Wykonuję tajną misję" "To część planu" "Prowadzę obserwację strategiczną" "Oszczędzam HP na później"
INSTRUKCJA OBSŁUGI MVP:
KROK 1: PODSTAWY
Nie giń (bardzo ważne)
Nie strzelaj (możesz się zdradzić)
Nie pomagaj (to podejrzane)
Bądź tajemniczy
KROK 2: ZAAWANSOWANE TECHNIKI
Czasami się porusz (dla niepoznaki)
Napisz coś mądrego na czacie
Udawaj że wydajesz rozkazy
Brzm profesjonalnie
STATYSTYKI SUKCESU:
IDEALNE WYNIKI: Strzały oddane: 0 Obrażenia: 0 Spotting: Przypadkowy Assist: Niechcący Miejsce: 1
TAJNY DZIENNIK MVP:
WPIS #1: "Drogi dzienniku, dziś znowu zostałem MVP. Nikt nie wie jak. Ja też nie."
WPIS #2: "Drużyna jest zdezorientowana. Doskonale."
WPIS #3: "Chyba odkryli mój sekret... Nie, jednak nie."
PODRĘCZNIK PROFESJONALNEGO NICNIEROBIENIA:
ROZDZIAŁ 1: PODSTAWY
Jak wyglądać zajęto nie robiąc nic
Jak udawać że masz plan
Jak przekonać innych że wiesz co robisz
ROZDZIAŁ 2: ZAAWANSOWANE TECHNIKI
Strategiczne stanie
Taktyczne czekanie
Profesjonalne obserwowanie
CODZIENNY HARMONOGRAM:
6:00 - Pobudka 6:01 - Wjazd na pozycję 6:02 - Początek nicnierobienia 6:03-14:58 - Kontynuacja nicnierobienia 14:59 - Zostanie MVP 15:00 - Zdziwienie wszystkich
ZESTAW PIERWSZEJ POMOCY:
W PRZYPADKU WYKRYCIA:

Udawaj że to część planu
Powiedz coś mądrego
Zmień pozycję (jeśli musisz)
Wróć do nicnierobienia
KOŃCOWE PORADY:
ZŁOTE MYŚLI: "Nie rób dziś tego, co możesz nie zrobić jutro" "Lepiej stać i wygrać niż biegać i przegrać" "MVP to stan umysłu"
OSTRZEŻENIA:
UWAGA #1: Bycie MVP może powodować:
Zazdrość innych graczy
Podejrzenia o cheaty
Raporty od teamie
Ogólne zdezorientowanie
UWAGA #2: Ten poradnik jest ściśle tajny (Chociaż i tak nikt nie uwierzy)
PS. Jeśli ktoś zapyta jak zostałeś MVP:
Tajemniczo się uśmiechnij
Powiedz coś niejasnego
Zmień temat
Nigdy nie zdradź swoich sekretów
PPS. Pamiętaj: To nie lenistwo, to talent! (Nawet jeśli nikt w to nie wierzy)
PPPS. Jeśli twoja drużyna czyta ten poradnik:
To nie ty
To ktoś inny
To wszystko przypadek
Jesteś tak samo zdziwiony jak oni
[KONIEC RAPORTU] Podpis: Tajemniczy MVP Status: Nadal nic nie robi Rezultat: Nadal wygrywa

Rozdział 24: Psychologia wroga - jak doprowadzić przeciwnika do szału

PODRĘCZNIK MŁODEGO PSYCHOLOGA CZOŁGOWEGO "Jak sprawić, by przeciwnik wyrzucił klawiaturę przez okno"
LEKCJA 1: ŚMIECH TO ZDROWIE (DLA CIEBIE, NIE DLA WROGA)
📝 NOTATKI Z TERENU: "Pacjent wykazuje oznaki wściekłości po 3 minutach trollowania"
TECHNIKI PODSTAWOWE:
"TANIEC CZOŁGOWY" Wykonanie:
Kręć się w kółko
Machaj lufą góra-dół
Pisz "XDDDD" na czacie Efekt: Wróg traci zdolność celowania z powodu wściekłości
"UDAWANY NOOB" Kroki:
Udawaj że nie umiesz grać
Zrób coś genialnego
Napisz "ups" Rezultat: Przeciwnik kwestionuje swoje umiejętności
"EMOTIKONOWA WOJNA" Taktyka:
:)
:)))
:))))))
xD Skutek: Totalna dezorientacja przeciwnika
BADANIA TERENOWE:
EKSPERYMENT #1: "PROWOKACJA" Cel: Sprawdzić ile zajmuje doprowadzenie wroga do szału Metoda: Ciągłe pisanie "ez" na czacie Wynik: 2.5 minuty do pierwszego rage quit
DZIENNIK OBSERWACJI:
PRZYPADEK 1: "ZDENERWOWANY TIGER" Symptomy:
Chaotyczne strzelanie
Spam na czacie
Próby taranowania Diagnoza: Klasyczny przypadek troll-rage
PRZYPADEK 2: "WŚCIEKŁY IS" Objawy:
Capslock w czacie
Strzelanie w niebo

Głośne tupanie (słychać przez internet) Diagnoza: Zaawansowane stadium wkurzenia

SKALA IRYTACJI:

POZIOM 1: "Lekkie Zdenerwowanie"
Pojedyncze "!!" na czacie
Próby celowania
Jeszcze kontrolowane zachowanie

POZIOM 2: "Średnia Wściekłość"
Capslock włączony
Chaotyczne ruchy
Początek przekleństw

POZIOM 3: "FULL RAGE"
TYLKO CAPSLOCK
KOMPLETNY CHAOS
@#$%^&*!!!

TAJNE TECHNIKI MISTRZÓW:

METODA #1: "Ghosting"
Pokaż się na sekundę
Zniknij
Powtórz 10 razy
Obserwuj jak wróg traci zmysły

METODA #2: "Fake Surrender"
Udawaj że się poddajesz
Poczekaj aż się zbliży
Zrób niespodziankę
Ciesz się efektami

PORADNIK PRAKTYCZNY:

JAK PISAĆ NA CZACIE: ✓ "ez" ✓ "ups" ✓ "lucky" ✓ ":)"
CZEGO NIE PISAĆ: ✗ Długie zdania ✗ Logiczne argumenty ✗ Cokolwiek sensownego

SPRZĘT NIEZBĘDNY:

EKWIPUNEK TROLLMAJSTRA:
Klawiatura odporna na uderzenia
Mysz na wszelki wypadek
Zapasowy monitor (przyda się)
Apteczka na nerwy

ZNAKI OSTRZEGAWCZE:

KIEDY PRZESTAĆ:
Wróg przestaje reagować
Wróg zaczyna grać lepiej
Wróg pisze twój nick małymi literami (To znaczy że się uspokoił - bardzo niebezpieczne!)
PROTOKÓŁ BEZPIECZEŃSTWA:
W RAZIE KONTRATAKU:
Zachowaj spokój
Kontynuuj trollowanie
Zwiększ intensywność emotek
Nigdy się nie poddawaj
SEKCJA NAUKOWA:
BADANIE #1: "WPŁYW EMOTEK NA CELNOŚĆ WROGA" Wyniki:
1 emotka = -10% celności
5 emotek = -50% celności
10 emotek = przeciwnik wyłącza grę
ZASADY ETYCZNE:
KODEKS TROLLOWANIA:
Nie przekraczaj granic
Baw się kulturalnie
Nie łam regulaminu
Ale bądź kreatywny!
KOŃCOWE PRZEMYŚLENIA:
ZŁOTE RADY:
Trolling to sztuka
Wymaga praktyki
I dobrego poczucia humoru
I zapasowej klawiatury
PS. Jeśli przeciwnik cię komplementuje:
To podstęp
Albo sarkazm
Albo stracił zmysły
W każdym razie - uważaj!
PPS. Pamiętaj:
To tylko gra
Wszyscy się dobrze bawimy
No, prawie wszyscy

Właściwie to głównie ty
PPPS. Jeśli ktoś pyta czy jesteś trollem:
Zaprzecz
Zrób coś trollowego
Napisz ":)"
Obserwuj chaos
[KONIEC PORADNIKA] Autor: Dr Troll von Trollenstein Status: Nadal trolluje Skuteczność: 100% wkurzonych przeciwników

Rozdział 25: Taktyki drużynowe - bo jednak sam nie wygrasz

SCENARIUSZ FILMU DOKUMENTALNEGO: "DLACZEGO TWOJA DRUŻYNA JEST... TAKA" Reżyseria: Zdesperowany Dowódca
Produkcja: Studio Połamanych Nerwów
SCENA 1: WPROWADZENIE [Dramatyczna muzyka w tle]
Narrator: "W świecie, gdzie każdy myśli, że jest pro..."
SCENA 2: SPOTKANIE DRUŻYNY [Ekran podzielony na 15 małych okienek] Gracz 1: "Rush B!" Gracz 2: "Nie, rush A!" Gracz 3: "Ja idę na ryby..." Gracz 4-15: *ignorują wszystko*
WYWIADY Z CZŁONKAMI DRUŻYNY:
LEKKI CZOŁG: "Moim zadaniem jest wjechać, zginąć i narzekać na team"
ŚREDNI CZOŁG: "Ja tu jestem support... O, motyl!"
CIĘŻKI CZOŁG: "Jestem tarczą drużyny! [wpada do wody]"
NISZCZICIEL: "Czekam na idealny moment... [bitwa się kończy]"
ARTY: "Wszyscy mnie nienawidzą :("
TYPOWE STRATEGIE DRUŻYNOWE:
PLAN A: "WSZYSCY NA JEDNO POLE" Zalety:
Wyglądamy groźnie
Jest nas dużo
Robimy wrażenie
Wady:
Jedna arty = 15 wraków

Żadnej taktyki
Ale przynajmniej razem!
PLAN B: "KAŻDY SOBIE" Plusy:
Nikt nie przeszkadza
Pełna wolność
Możesz obwiniać innych
Minusy:
Przegrywamy
Szybko
Bardzo szybko
NAJCZĘSTSZE SYTUACJE:
SCENARIUSZ 1: "POCZĄTEK BITWY" Dowódca: "Mam plan!"
Drużyna: *rozjeżdża się w 15 różnych kierunków* Dowódca: "..."
SCENARIUSZ 2: "ŚRODEK BITWY" Czat: "POMOCY!!!" Drużyna: *udaje, że nie widzi* Wróg: *dziękuje za łatwe fragi*
PORADNIK KOMUNIKACJI:
JAK WYDAWAĆ ROZKAZY: ✗ "Proszę, moglibyśmy..." ✓ "RUSH B KURŁA!!!"
JAK PROSIĆ O POMOC: ✗ "Potrzebuję wsparcia" ✓ "POMOCY!!! TU!!! NIE TAM!!! TU!!!"
TAKTYKI KTÓRE NIGDY NIE DZIAŁAJĄ:
"YOLO RUSH" Teoria: Wszyscy razem = sukces Praktyka: Wszyscy razem = masowy pogrzeb
"ZRÓBMY POCIĄG" Pomysł: Jedziemy jeden za drugim Realia: Pierwszy skręca, reszta wpada do wody
"BRONIMY BAZY" Plan: Stworzyć fortecę Wykonanie: Wszyscy kampią, nikt nie spotuje
SŁOWNIK DOWÓDCY:
"Flanka" = tam gdzie nie ma nikogo "Support" = mit
"Teamwork" = jeszcze większy mit "Taktyka" = coś co znamy tylko ze słyszenia
ZNAKI OSTRZEGAWCZE:
CZERWONE FLAGI: ▶ Nikt nie odpowiada na czacie ▶ Wszyscy jadą w różne strony ▶ Light tank krzyczy "YOLO" ▶ Arty pyta "jak się strzela?"
MOTYWACYJNE PRZEMOWY:

PRZED BITWĄ: "Razem damy radę!" [5 sekund później] "Gdzie jest team?!"
W TRAKCIE BITWY: "Jeszcze możemy wygrać!" [spoiler: nie mogliśmy]
KOŃCOWE STATYSTYKI:
TYPOWY WYNIK: Współpraca: 0/10 Koordynacja: -5/10 Chaos: 11/10 Zabawa: zależy kto pyta
PORADY NA PRZYSZŁOŚĆ:
JAK POPRAWIĆ GRĘ ZESPOŁOWĄ:
Zaakceptuj chaos
Pokochaj chaos
Stań się chaosem
CO ROBIĆ GDY DRUŻYNA NIE SŁUCHA:
Płacz
Śmiej się
Płacz ze śmiechu
Zmień serwer
PS. Pamiętaj:
To nie twoja drużyna jest zła
To przeciwnik jest lepszy
Kogo my oszukujemy, drużyna jest zła
PPS. Jeśli twoja drużyna czyta ten poradnik:
Przepraszam
Ale to prawda
I wszyscy o tym wiemy
XD
PPPS. Najważniejsza lekcja: Prawdziwy team work to:
15 graczy
15 różnych planów
0 koordynacji
100% zabawy (przynajmniej dla przeciwnika)
[KONIEC FILMU] Reżyser: *płacze w kącie* Producent: *zmienia grę na Minecraft* Widownia: "Lepsze niż Netflix!"

Rozdział 26: Jak przetrwać na otwartej przestrzeni (spoiler: nie da się)

PROGRAM TELEWIZYJNY: "OSTATNI BOHATER" SEZON: Nieważne ODCINEK: Prawdopodobnie ostatni
[WŁĄCZ TELEWIZOR]
SPIKER: "Witamy w programie 'Jak zginąć z klasą na otwartej przestrzeni'!"
DZISIEJSZY PROGRAM: 06:00 - Poranki z Polskim Czołgiem 07:00 - Sztuka Ginięcia 08:00 - Ostatni Bohater 09:00 - Najzabawniejsze Wpadki Pancerne [...]
PROGRAM 1: "PORANKI Z POLSKIM CZOŁGIEM"
PROWADZĄCY: "Dzisiaj nauczymy się, jak NIE przetrwać na otwartej przestrzeni!"
TOP 5 SPOSOBÓW NA SZYBKĄ ŚMIERĆ:
Wyjechać na środek pola
Stanąć
Machać wszystkim "cześć"
Czekać na rozwój wydarzeń
Dziwić się że zginęliśmy
PROGRAM 2: "SZTUKA GINIĘCIA"
PROWADZĄCY: "Pamiętajcie dzieci - otwarta przestrzeń to nie plac zabaw!"
WYWIADY Z EKSPERTAMI:
EKSPERT 1: "Widziałem gracza, który przeżył na otwartej przestrzeni!" [5 sekund później] "Przepraszam, to był sen."
EKSPERT 2: "Teoretycznie można przeżyć..." [dostaje trafienie] "Nieważne."
PROGRAM 3: "OSTATNI BOHATER"
ZASADY SHOW:
Weź polski czołg
Wjedź na otwartą przestrzeń
Spróbuj przeżyć
Nie przeżyj
Powtórz
UCZESTNICY PROGRAMU:

ZAWODNIK 1: "Mam plan!" [wjeżdża na pole] [*boom*] "Nie miałem planu."
ZAWODNIK 2: "Jestem niewidzialny!" [narrator: nie był]
PROGRAM 4: "NAJZABAWNIEJSZE WPADKI PANCERNE"
TOP 10 WYMÓWEK:
"Myślałem, że mnie nie zobaczą"
"Słońce świeciło mi w monitor"
"To był skrót!"
"Chciałem zobaczyć co się stanie"
"Lag!" [...]
REKLAMY:
REKLAMA 1: "Zmęczony życiem na otwartej przestrzeni? Kup nasz magiczny kamuflaż!" (Nie działa na otwartej przestrzeni)
REKLAMA 2: "Nowy spray 'Niewidzialność'!" (Efekt: żaden)
PROGRAM EDUKACYJNY: "FIZYKA PRZETRWANIA"
RÓWNANIE DNIA: Szansa na przeżycie = 0 (niezależnie od zmiennych)
WZÓR NA SUKCES: Otwarta przestrzeń + Ty = Garaż
PROGRAM KULINARNY: "OSTATNI POSIŁEK"
PRZEPIS NA KATASTROFĘ: Składniki:
1 polski czołg
Duże pole
Szczypta nadziei
Dużo wrogów Sposób przygotowania:
Wjedź
Zgiń
Powtórz
PROGRAM DOKUMENTALNY: "SEKUNDY DO KATASTROFY"
TYPOWA CHRONOLOGIA: 0:00 - Wjazd na pole 0:01 - Pierwsze spotted 0:02 - "O nie..." 0:03 - *boom*
PROGRAM MOTYWACYJNY: "UWIERZ W SIEBIE"
POZYTYWNE AFIRMACJE: "Jestem silny!" "Jestem niewidzialny!" "Jestem... martwy."
PROGRAM SURVIVALOWY: "SZTUKA PRZETRWANIA"
NIEZBĘDNIK:
Apteczka (nie pomoże)
Zestaw naprawczy (też nie pomoże)

Testament (przyda się)
PROGRAM SPORTOWY: "OLIMPIADA GŁUPICH DECYZJI"
KONKURENCJE:
Sprint przez pole
Maraton po otwartej przestrzeni
Stanie w miejscu (wszystkie kończą się tak samo)
PROGRAM PSYCHOLOGICZNY: "ZROZUMIEĆ SIEBIE"
FAZY AKCEPTACJI:
"Może się uda"
"Chyba się nie uda"
"Definitivnie się nie udało"
"Po co ja to zrobiłem?"
PROGRAM KOŃCOWY: "WNIOSKI NA PRZYSZŁOŚĆ"
CZEGO SIĘ NAUCZYLIŚMY:
Nie wyjeżdżaj na otwartą przestrzeń
Serio, nie rób tego
NAPRAWDĘ nie rób tego
No chyba że chcesz wrócić do garażu
[WYŁĄCZ TELEWIZOR]
PS. Jeśli oglądasz ten program w czołgu na otwartej przestrzeni:
Jest już za późno
Ale przynajmniej było zabawnie
Do zobaczenia w garażu!
PPS. Pamiętaj:
To nie pole jest złe
To ty podejmujesz złe decyzje
Ale głównie to pole jest złe
PPPS. W następnym odcinku: "Jak przeżyć pod ostrzałem arty?"
(Spoiler: Też się nie da)
[KONIEC PROGRAMU] Producent: *już w garażu* Reżyser: *też w garażu* Widownia: *zgadnij gdzie*

Rozdział 27: Czołgi premium - wydawać czy nie wydawać?

KSIĘGA BUDŻETOWA MŁODEGO CZOŁGISTY Stan konta: [CENZURA] (mama nie może wiedzieć)
LISTA ZAKUPÓW: 🎯 PLAN NA DZISIAJ:
Kieszonkowe: 50 zł
Obiad w szkole: -15 zł
Premium czołg: -249 zł
Deficyt: HELP!
DZIENNIK FINANSOWY:
PONIEDZIAŁEK: Przychód: Kieszonkowe od mamy Wydatki: Wszystko na złoto Stan konta: Tragiczny Status: Głodny, ale mam premium!
WTOREK: Próba zarobku:
Sprzedaż kanapek w szkole ✓
Wyprowadzanie psa sąsiadów ✓
Mycie garażu taty ✓ Cel: Nowy czołg premium!
ŚRODA: Operacja: "Przekonaj mamę" Argument 1: "To edukacyjne!" Argument 2: "Uczę się historii!" Argument 3: "Wszyscy mają!" Wynik: Nadal nie...
KALKULACJE EKSPERTA (lat 12):
WARIANT 1: "OSZCZĘDNY"
Jedzenie
Podstawowe potrzeby
Żadnych czołgów premium Status: Nuda...
WARIANT 2: "YOLO"
Wszystkie czołgi premium
Głodówka
Brak życia towarzyskiego Status: Worth it!
LISTA PRO I KONTRA:
KUPIĆ PREMIUM: 👍 Wygląda fajnie 👍 Zarabia więcej kredytów 👍 Można się pochwalić 👍 Jest złoty!
NIE KUPIĆ PREMIUM: 👎 Trzeba jeść 👎 Mama się dowie 👎 Będzie krzyk 👎 Życie jest trudne...
TAJNE OPERACJE:

OPERACJA "SKARBONKA": Dzień 1: Wrzucam wszystkie drobne Dzień 2: Sprawdzam ile jest Dzień 3: Za mało... Dzień 4: Zaczynam od nowa
OPERACJA "PRZEKONAJ BABCIĘ": Taktyka 1: Słodkie oczka Taktyka 2: "Babciu, a wiesz że czołgi..." Taktyka 3: Success!
PORADNIK NEGOCJACJI:
JAK PRZEKONAĆ RODZICÓW: ✓ "To rozwija logiczne myślenie!" ✓ "Uczę się strategii!" ✓ "Lepsze niż TikTok!" ✗ "Bo tak!"
PLAN AWARYJNY:
FAZA 1: ZBIERANIE FUNDUSZY
Kieszonkowe ✓
Urodziny ✓
Święta ✓
Pierwsza Komunia (już wydane)
FAZA 2: ZARZĄDZANIE BUDŻETEM Poniedziałek: Nie wydawać Wtorek: Nadal nie wydawać Środa: Ups...
MATEMATYKA PREMIUM:
RÓWNANIE PODSTAWOWE: Kieszonkowe - Jedzenie = Prawie nic
RÓWNANIE ZAAWANSOWANE: (Kieszonkowe × 3) + (Pomoc w domu) = Może starczy?
PORADY EKSPERTÓW:
EKSPERT 1 (kolega z 6B): "Weź pożyczkę od mamy!"
EKSPERT 2 (kolega z 6A): "Powiedz że to na książki!"
EKSPERT 3 (ja z przyszłości): "Nie rób tego... (ale i tak zrobisz)"
SCENARIUSZE ZAKUPOWE:
SCENARIUSZ 1: "KARTA MAMY" Plusy: Szybko i prosto Minusy: Szlaban do emerytury
SCENARIUSZ 2: "WŁASNE OSZCZĘDNOŚCI" Plusy: Legalnie Minusy: Trwa wieczność
PSYCHOLOGIA ZAKUPÓW:
FAZY ZAKUPOWE:
Ekscytacja
Zakup
Radość
Pustka w portfelu
Żal

Planowanie następnego zakupu
KOŃCOWE PRZEMYŚLENIA:
ZŁOTE MYŚLI:
Pieniądze szczęścia nie dają
Ale czołgi premium tak!
Chyba...
Prawda?
PS. Jeśli jesteś rodzicem czytającym ten poradnik:
To nie ja!
To kolega!
Jakie czołgi premium?
Nie wiem o czym mowa!
PPS. Jeśli jesteś dzieckiem:
Nie pokazuj tego rodzicom
Serio
Nigdy
Przenigdy
NAJWAŻNIEJSZE WNIOSKI:
Premium czy nie premium?
Tak
Nie
Może
Wszystkie odpowiedzi są poprawne (zależnie od stanu konta)
Co zrobić z pieniędzmi?
Oszczędzać na przyszłość
Kupić premium
KUPIĆ PREMIUM!
(przepraszam, poniosło mnie)
[KONIEC KSIĘGI BUDŻETOWEJ]
Autor: Młody Ekonomista Stan konta: [ERROR 404] Status: Czeka na następne kieszonkowe PS: Mamo, jeśli to czytasz - kocham Cię!

Rozdział 28: Jak grać przeciwko lepszym czołgom (i nie płakać)

PAMIĘTNIK MALUCHA NA POLU BITWY (znaleziony obok zniszczonego 4TP)
DROGI PAMIĘTNIKU!
DZIEŃ 1: SPOTKANIE Z GIGANTEM Dziś zobaczyłem Tigera. On był duży. Ja byłem mały. Bardzo mały. Naprawdę bardzo mały. Help.
PORADNIK PRZETRWANIA MAŁEGO CZOŁGU:
ZASADA #1: WIELKOŚĆ MA ZNACZENIE
Oni: Wielki czołg
Ty: Malutki czołgista
Rozwiązanie: Udawaj kreta!
LISTA "JAK PRZEŻYĆ":
Bądź mały (już jesteś!)
Bądź szybki (musisz być!)
Bądź sprytny (no spróbuj!)
Bądź gdzie indziej (najlepiej w garażu!)
DZIENNIK WALKI:
8:00 - Spotykam IS-3 8:01 - IS-3 mnie widzi 8:02 - Uciekam 8:03 - Nadal uciekam 8:04 - Czy ktoś widział moje gąsienice?
TECHNIKI PRZETRWANIA MAŁEGO CZOŁGU:
TECHNIKA #1: "MRÓWKA"
Bądź mały
Bądź irytujący
Gryź w kostki
Uciekaj
TECHNIKA #2: "NINJA"
Bądź cichy
Bądź szybki
Bądź... już w garażu
TECHNIKA #3: "KARALUCH"
Przetrwaj wszystko
Zaskocz wszystkich
Wzbudź obrzydzenie
Uciekaj gdy zapalą światło

SŁOWNIK MAŁEGO CZOŁGISTY:
DUŻY CZOŁG = Ktoś kto może cię rozjechać ŚREDNI CZOŁG = Ktoś kto chce cię rozjechać MAŁY CZOŁG = Ty (prawdopodobnie rozjechany)
WYMÓWKI NA KAŻDĄ OKAZJĘ:
GDY SPOTYKASZ IS-3: "Przepraszam, zły adres!"
GDY WIDZISZ TIGERA: "Mamo, chcę do domu!"
GDY POJAWIA SIĘ MAUS: "Error 404: Odwaga not found"
PODSTAWOWE OBLICZENIA:
TY vs ONI: Twoje HP: 100 Ich działo: 400 obrażeń Wynik: Matematyka jest okrutna
DZIEŃ 2: EKSPERYMENTY
EKSPERYMENT #1: "CZY MOGĘ PRZEBIĆ ICH PANCERZ?"
Hipoteza: Nie Test: Nie Wynik: Naprawdę nie Wnioski: Po co próbować?
EKSPERYMENT #2: "JAK SZYBKO MOGĘ UCIEC?" Pomiar 1: Bardzo szybko Pomiar 2: Nie wystarczająco szybko Wynik: Potrzebuję dopalacza
TAKTYKI PRZETRWANIA:
PLAN A: UCIECZKA
Biegnij
Biegnij szybciej
BIEGNIJ JESZCZE SZYBCIEJ!
Dlaczego nadal nie jesteś w garażu?
PLAN B: WALKA
Nie
Po prostu nie
Nawet o tym nie myśl
Wróć do Planu A
MOTYWACYJNE MYŚLI:
CODZIENNE AFIRMACJE: "Jestem mały ale waleczny!" "Jestem szybki i zwinny!" "Jestem... już w garażu."
PORADY OD INNYCH MAŁYCH CZOŁGÓW:
4TP: "Uciekaj!" TKS: "Biegnij!" 7TP: "Nie patrz w tył!"
DZIEŃ 3: WNIOSKI
CO SIĘ SPRAWDZA: ✓ Ucieczka ✓ Chowanie się ✓ Modlitwa ✓ Alt + F4

CO SIĘ NIE SPRAWDZA: ✘ Walka ✘ Odwaga ✘ Próba przebicia pancerza ✘ Wszystko inne
KOŃCOWE PRZEMYŚLENIA:
NAUKI NA PRZYSZŁOŚĆ:
Małe jest piękne
Małe jest szybkie
Małe jest... martwe
PS. Jeśli czytasz to w dużym czołgu:
Przepraszam za gryzienie w gąsienice
To nie ja, to kolega
Proszę mnie nie rozjeżdżać
PPS. Jeśli czytasz to w małym czołgu:
Witaj w klubie!
Uciekajmy razem!
W garażu jest bezpieczniej
NAJWAŻNIEJSZE LEKCJE:
Jak walczyć z większymi:
Nie walcz
Naprawdę, nie walcz
Uciekaj
Serio, po prostu uciekaj
Co robić gdy spotkasz większego:
Udawaj martwego
Udawaj krzak
Udawaj że cię nie ma
W sumie to już jesteś martwy
[KONIEC PAMIĘTNIKA] Znaleziono: W krzakach Stan: Lekko przypalony Autor: Prawdopodobnie już w garażu

Rozdział 29: Top 10 najgłupszych błędów początkujących

PRZEGLĄD NAJLEPSZYCH WPADEK ROKU Magazyn "Garaż Weekly" Wydanie specjalne: "Jak nie zostać czołgistą"
RANKING EPICKICH PORAŻEK:
#10 - "WODNY WOJOWNIK" Sytuacja: "Czołg potrafi pływać, prawda?" Narrator: "Nie potrafił." Wynik: *bul bul bul* Koszt naprawy: Wszystkie oszczędności życia Nauczkę odebrał: Mokry czołgista
#9 - "MISTRZ PARKOWANIA" Miejsce: Krawędź klifu Plan: "Zrobię super zdjęcie!" Rezultat: Zrobił... ale z dna przepaści Ostatnie słowa: "Patrzcie jaki widok!"
#8 - "EKSPERYMENTATOR" Hipoteza: "Może da się przejechać przez skały?" Eksperyment: Próba przejazdu Wynik: Fizyka: 1, Czołgista: 0 Wniosek naukowy: Skały są twarde
#7 - "ARTYLERYJSKI ASTRONAUTA" Pomysł: "Podjadę bliżej, żeby lepiej strzelać!" Skutek: Discovered spawn camping Rezultat: Cała drużyna go nienawidzi Status: Forever alone
#6 - "POCZĄTKUJĄCY AKROBATA" Manewr: Próba driftu w 60TP Physics.exe has stopped working Mechanik: *płacze w kącie* Achievement unlocked: "Pierwszy salto-flip"
#5 - "MISTRZ EKONOMII" Strategia: "Kupię złote pociski za wszystkie kredyty!" Portfel: *płacze* Celność: Nadal 0% Mama: "Co zrobiłeś z kieszonkowym?!"
#4 - "SPOŁECZNOŚCIOWY STRATEG" Taktyka: Obrażanie wszystkich na czacie Zespół: *wyłącza czat* Przeciwnicy: *reportują* Ban: "Witamy!"
#3 - "POCZĄTKUJĄCY WSPINACZ" Plan: Wjechać czołgiem na pionową ścianę Fizyka: "Seriously?" Newton: *przewraca się w grobie* Grawitacja: "Potrzymaj mi piwo..."
#2 - "SNAJPER ROKU" Cel: Trafić wroga z odległości 1km Rzeczywistość: Nie trafił z 10 metrów Wymówka: "To wina laga!" Prawda: To nie był lag...
#1 - "ABSOLUTE CHAMPION" Osiągnięcie: Wszystkie powyższe błędy... w jednej bitwie Czas: Rekordowe 2 minuty Status: Legenda Mechanik: *zmienia zawód*

ANALIZA EKSPERCKA:
PRZYCZYNY WPADEK:
"Bo mogę!"
"Bo czemu nie?"
"Bo koledzy patrzą!"
"Bo YOLO!"
KONSEKWENCJE:
Pusty garaż
Pusty portfel
Pełno śmiechu
Zero szacunku
PORADY NA PRZYSZŁOŚĆ:
JAK UNIKNĄĆ WPADEK: ✓ Myśl czasami ✓ Pytaj czasami ✓ Wątpl czasami ✗ Nie rób wszystkiego na raz
WYMÓWKI KTÓRE NIE DZIAŁAJĄ:
KLASYKA GATUNKU: "Chciałem zobaczyć co się stanie"
"Myślałem że się uda" "U kolegi działało" "W filmiku na YouTube tak robili"
STATYSTYKI WPADEK:
NAJPOPULARNIEJSZE MIEJSCA:
Klify (do spadania)
Woda (do tonięcia)
Skały (do rozbijania)
Baza wroga (do umierania)
NAJCZĘSTSZE OSTATNIE SŁOWA:
TOP 5:
"Patrzcie na to!"
"To się nie może nie udać!"
"Challenge accepted!"
"Potrzymaj mi energetyka..."
"YOLO!"
WSKAZÓWKI NA PRZYSZŁOŚĆ:
JAK NIE ZOSTAĆ BOHATEREM TEGO RANKINGU:
Nie bądź pierwszy do głupich pomysłów
Nie bądź drugi do głupich pomysłów
W ogóle unikaj głupich pomysłów
(ale i tak je zrobisz)

PS. Jeśli rozpoznajesz się w którymś z punktów:
Gratulacje! Jesteś sławny!
Niestety, nie w dobry sposób
Ale przynajmniej było śmiesznie!
PPS. Jeśli planujesz zrobić coś głupiego:
Nagraj to
Wyślij nam
Może trafisz do następnego rankingu!
PPPS. Pamiętaj:
Nie ma głupich błędów
Są tylko epickie wpadki
Które wszyscy zapamiętają
Na zawsze...
[KONIEC RANKINGU] Redaktor: *płacze ze śmiechu* Czytelnicy: "To ja!" Mechanicy: *zmieniają pracę*
CopyRetry

Rozdział 30: Jak nie stracić całego zdrowia w pierwszej minucie

PODRĘCZNIK PIERWSZEJ POMOCY CZOŁGOWEJ Status: BARDZO PILNE Poziom obrażeń: TAK
🚑 EMERGENCY ROOM - ODDZIAŁ INTENSYWNEJ TERAPII CZOŁGOWEJ
KARTA PRZYJĘCIA: Pacjent: Polski czołg Stan: Ledwo żywy
Przyczyna: Pierwsza minuta bitwy Ostatnie słowa: "YOLO!"
WYWIAD LEKARSKI: Dr Tank: Co się stało? Pacjent: Chciałem być bohaterem... Dr Tank: *facepalm*
DIAGNOZA WSTĘPNA:
OBJAWY:
Kompletny brak HP
Połamane gąsienice
Przestrzelony na wylot
Zraniona duma
PRZYCZYNY: ✓ Rush B ✓ Solo vs 15 ✓ "Potrzymaj mi energetyka" ✓ Kompletny brak myślenia
PIERWSZA POMOC:
KROK 1: OCENA SYTUACJI
Sprawdź ile masz HP
Sprawdź gdzie są wrogowie
Sprawdź gdzie jest team
Zacznij się modlić
KROK 2: DZIAŁANIA RATUNKOWE
Apteczka (jeśli jeszcze żyjesz)
Zestaw naprawczy (jeśli coś zostało)
Alt + F4 (jeśli wszystko inne zawiedzie)
PROTOKÓŁ PRZETRWANIA:
POZIOM ŻÓŁTY: "JESZCZE JEST OK" Sytuacja: Pierwsze trafienie Działanie:
Zachowaj spokój
Znajdź cover
Nie panikuj
Ok, możesz trochę spanikować

POZIOM POMARAŃCZOWY: "JEST ŹLE" Sytuacja: Połowa HP Działanie:
Zacznij się martwić
Szukaj apteczki
Pisz testament
Dzwoń do mechanika
POZIOM CZERWONY: "GAME OVER" Sytuacja: 1 HP Działanie:
Płacz
Krzycz
Akceptuj los
Wracaj do garażu
PORADNIK PRZETRWANIA:
JAK NIE ZGINĄĆ:
Nie wyjeżdżaj pierwszy
Nie wyjeżdżaj drugi
Najlepiej nie wyjeżdżaj wcale
CZEGO NIE ROBIĆ: ✗ Rush mid ✗ Solo push ✗ "Patrzcie jaki jestem odważny!" ✗ Wszystko powyższe na raz
WSKAZÓWKI OD EKSPERTÓW:
DR PANCERNIK RADZI: "HP to nie przecena w supermarkecie - nie musisz go od razu wydawać!"
PROFESOR GĄSIENICA MÓWI: "Najlepszą obroną jest... dobra kryjówka!"
STATYSTYKI PRZEŻYCIA:
SZANSA NA PRZEŻYCIE PIERWSZEJ MINUTY:
Z mózgiem: 90%
Bez mózgu: 0%
Z YOLO: -100%
Z teamem: ERROR 404 (team not found)
PODSTAWOWE RÓWNANIA:
MATEMATYKA PRZETRWANIA: Twoje HP - Głupie decyzje = Garaż
FIZYKA CZOŁGOWA: Prędkość wjazdu na pole × Ilość wrogów = Szybkość powrotu do garażu
NAJCZĘSTSZE WYMÓWKI:
TOP 10 TEKSTÓW:
"Lag!"

"Gdzie team?!"
"Oni cheatują!"
"To nie moja wina!"
[OCENZUROWANO RESZTĘ]
PIERWSZA POMOC PSYCHOLOGICZNA:
CO ROBIĆ GDY PANIKUJESZ:
Weź głęboki wdech
Policz do 10
Zaakceptuj że i tak zginiesz
Przynajmniej się pośmiej
KOŃCOWE ZALECENIA:
RECEPTA NA PRZETRWANIE: Rano:
2 tabletki zdrowego rozsądku
1 kapsułka cierpliwości
Szczypta strategicznego myślenia
Wieczorem:
Dużo odpoczynku
Zero YOLO
Modlitwa do RNGesusa
PS. Jeśli nadal giniesz w pierwszej minucie:
To normalne
Wszyscy przez to przechodzą
Niektórzy nigdy nie przestają
Witaj w klubie!
PPS. Pamiętaj:
HP to nie zapas na zimę
Nie musisz go tracić od razu
Ale i tak to zrobisz
Bo YOLO!
PPPS. Najważniejsza lekcja: "Lepiej być żywym tchórzem niż martwym bohaterem!" (Ale kogo my oszukujemy, i tak zrobisz coś głupiego)
[KONIEC RAPORTU MEDYCZNEGO] Dr Tank: *płacze nad kartą pacjenta* Pacjent: *już w kolejnej bitwie* Mechanik: *liczy zyski*

Rozdział 31: Binokle, apteczki i gaśnice - twoi najlepsi przyjaciele

DZIENNICZEK SZKOLNY Szkoła Podstawowa Wyposażenia Czołgowego Klasa: 6B "Przetrwanie na Polu Bitwy"

LEKCJA 1: BINOKLE - TWOJE DRUGIE OCZY Nauczyciel: Pan Lornetka Temat: Jak patrzeć dalej niż własny nos

NOTATKI Z LEKCJI:

Do czego służą binokle:

Do podglądania wroga √

Do sprawdzania pogody √

Do udawania że wiesz co robisz √

Do czytania mapy (ups, za duże powiększenie)

ĆWICZENIE PRAKTYCZNE: Zadanie: Znajdź wroga przez lornetkę Uczeń 1: "Widzę czołg!" Nauczyciel: "To drzewo..." Uczeń 1: "Ale się rusza!" Nauczyciel: "To wiatr..."

LEKCJA 2: APTECZKI - TWÓJ NAJLEPSZY LEKARZ Prowadzący: Dr Medyk Temat: Jak nie umrzeć (przynajmniej nie od razu)

SKŁAD APTECZKI:

Plaster na ego √

Bandaż na dumę √

Maść na poparzenia od arty √

Tabletki na uspokojenie (dla całej drużyny)

PRAKTYCZNE ZASTOSOWANIA: Sytuacja 1: Problem: "Dostałem w czołg!" Rozwiązanie: Apteczka Status: Działa!

Sytuacja 2: Problem: "Dostałem w czołg 10 razy!" Rozwiązanie: Wszystkie apteczki Status: Potrzeba więcej apteczek...

LEKCJA 3: GAŚNICE - TWÓJ OGNISTY PRZYJACIEL Instruktor: Strażak Pancerny Temat: Jak nie być czołgiem na grillu

PODSTAWY GASZENIA:

Czerwony guzik = gaśnica

Nie, ten drugi czerwony

NIE, NIE TEN!

Za późno...

QUIZ SPRAWDZAJĄCY:

P: Co zrobić gdy się palisz? a) Panikować b) Krzyczeć c) Użyć gaśnicy d) Wszystkie powyższe (w tej kolejności)

PRZERWA NA LUNCH: Menu:
Kanapka z apteczką
Sok z gaśnicy
Deser przez lornetkę
LEKCJA 4: PRAKTYCZNE ĆWICZENIA
SYMULACJA 1: "ZNAJDŹ I NAPRAW" Cel: Użyj właściwego wyposażenia Wynik:
Binokle użyte jako gaśnica ✗
Apteczka użyta jako lornetka ✗
Gaśnica... gdzie jest gaśnica? ✗
SYMULACJA 2: "SZYBKA REAKCJA" Scenariusz: Palisz się i jesteś ranny Uczeń: *używa lornetki* Nauczyciel: *facepalm*
ZADANIA DOMOWE:
PROJEKT 1: "MÓJ PRZYJACIEL SPRZĘT" Napisz wypracowanie o swoim ulubionym wyposażeniu (Nie, złote pociski się nie liczą)
PROJEKT 2: "PRZETRWANIE" Spróbuj przeżyć jedną bitwę bez użycia apteczki (Powodzenia, będzie potrzebne)
DZIENNIK OCEN:
PRZEDMIOT: Używanie binoklów Ocena: 2 Uwagi: "Ciągle patrzy w złą stronę"
PRZEDMIOT: Stosowanie apteczek Ocena: 4 Uwagi: "Używa zanim jest ranny - przezorny"
PRZEDMIOT: Obsługa gaśnicy Ocena: 1 Uwagi: "Nadal się pali"
PORADY NAUCZYCIELI:
PAN LORNETKA: "Patrz przed siebie, chyba że jesteś w polskim czołgu - wtedy patrz gdzie uciekać"
DR MEDYK: "Apteczka to nie cukierek - nie musisz jej jeść od razu"
STRAŻAK PANCERNY: "Lepiej się nie palić niż świetnie gasić"
WSKAZÓWKI DLA UCZNIÓW:
JAK ZDAĆ: ✓ Używaj sprzętu ✓ Używaj go właściwie ✓ Używaj go w odpowiednim momencie ✓ Najlepiej używaj wszystkiego na raz
JAK NIE ZDAĆ: ✗ Binokle do gaszenia ✗ Gaśnica do leczenia ✗ Apteczka do patrzenia ✗ Alt + F4 do wszystkiego
ŚWIADECTWO UKOŃCZENIA:

Zaświadcza się, że uczeń _____ Opanował sztukę:
Patrzenia (czasami) .
Leczenia (jeśli zdąży)
Gaszenia (teoretycznie)
PS. Jeśli nie rozumiesz tego podręcznika:
To normalne
Nikt nie rozumie
Po prostu spam wszystkimi przyciskami
Coś zadziała
PPS. Pamiętaj:
Binokle to nie okulary 3D
Apteczka to nie przekąska
Gaśnica to nie dezodorant
PPPS. Najważniejsza lekcja: "Lepiej mieć i nie potrzebować, niż potrzebować i nie mieć" (Ale i tak zapomnisz użyć gdy trzeba)
[KONIEC DZIENNICZKA] Dyrektor: *płacze nad poziomem edukacji*
Uczniowie: *nadal się palą* Sprzęt: *czeka na właściwe użycie*

Rozdział 32: Skill vs. Pay2Win - co naprawdę decyduje o zwycięstwie

RAPORT Z LABORATORIUM BADAWCZEGO Projekt: "Czy można kupić skill?" Status: Skomplikowany Budżet: -500 zł (mama jeszcze nie wie)
EKSPERYMENT #1: "ZŁOTE POCISKI"
HIPOTEZA: "Jeśli kupię złote pociski, będę trafiał wszystko!"
METODOLOGIA:
Sprzedaj śniadaniówkę
Kup złote pociski
???
Profit?
WYNIKI: Przed: Pudło Po: Złote pudło Wnioski: Droższe pudła nie bolą mniej
EKSPERYMENT #2: "PREMIUM KONTO"

100

CEL BADANIA: Sprawdzić czy więcej kredytów = lepszy gracz
PRZEBIEG: Dzień 1: Kupno premium Dzień 2: Nadal noob Dzień 3: Noob z większą ilością kredytów Dzień 7: Bogaty noob
WNIOSKI NAUKOWE: "Money can't buy skills"
Albert Einstein, prawdopodobnie
EKSPERYMENT #3: "PREMIUM CZOŁG"
ZAŁOŻENIA: "Lepszy czołg = lepszy gracz"
RZECZYWISTOŚĆ:
Droższy czołg
Te same umiejętności
Większy wstyd
Smutna prawda
ANALIZA STATYSTYCZNA:
WZÓR NA SUKCES: Skill + Trening = Wygrana Money - Skill = Bogaty przegryw
WYKRESY I TABELE:
WYKRES 1: "ZALEŻNOŚĆ SKILLA OD WYDANYCH PIENIĘDZY" Oś X: Wydane złoto Oś Y: Umiejętności Wynik: Brak korelacji
WYKRES 2: "POZIOM FRUSTRACJI VS WYDANE PIENIĘDZY"
Wniosek: Silna korelacja dodatnia
BADANIE TERENOWE:
OBSERWACJA #1: "BOGATY GRACZ"
Ma wszystko złote
Nie trafia nic
Płacze w czacie
Ma pusty portfel
OBSERWACJA #2: "SKILLOWY GRACZ"
Standardowa amunicja
Trafia wszystko
Śmieje się w czacie
Ma pełny portfel
PORÓWNANIE WYNIKÓW:
TABELA: "SKILL VS MONEY"

KATEGORIA	**SKILL**	**PAY2WIN**
Skuteczność	Wysoka	XD
Koszt	0 zł	Mama się wkurzy

KATEGORIA	SKILL	PAY2WIN
Satysfakcja	Ogromna	Error 404
Szacunek	Jest	Nie ma

WNIOSKI Z BADAŃ:

CO NAPRAWDĘ DZIAŁA: ✓ Trening ✓ Doświadczenie ✓ Nauka na błędach ✓ Używanie mózgu

CO NIE DZIAŁA: ✗ Spam golda ✗ Premium wszystkiego ✗ Płacz na czacie ✗ Karta mamy

REKOMENDACJE:

JAK ZOSTAĆ LEPSZYM:

Graj więcej

Ucz się na błędach

Nie płać za skróty

Oszczędź na lody

PORADY EKSPERTÓW:

DR SKILL: "Trening czyni mistrza!"

PROF. WALLET: "Płacenie czyni biednym!"

PRAKTYCZNE ZASTOSOWANIA:

SCENARIUSZ 1: "MAM 100 ZŁ" Opcja A: Kup złoto Rezultat: Krótka radość

Opcja B: Kup lody i trenuj Rezultat: Długa radość (i lody!)

PSYCHOLOGIA GRACZA:

ETAPY AKCEPTACJI:

Zaprzeczenie ("Pay2Win działa!")

Złość ("Czemu nadal przegrywam?!")

Targowanie ("Jeszcze tylko jeden premium...")

Depresja ("Moje biedne kieszonkowe...")

Akceptacja ("Może jednak potrzebuję skilla...")

KOŃCOWE WNIOSKI:

PRAWDA O GRZE:

Skill > Money

Trening > Premium

Mózg > Złoto

Doświadczenie > Karta kredytowa

PS. Jeśli nadal chcesz wydawać:

Przemyśl to

Przemyśl jeszcze raz
Kup lody
Przynajmniej będziesz szczęśliwy
PPS. Pamiętaj:
Nie ma skrótów do sukcesu
Ale są skróty do pustego portfela
Wybór należy do ciebie
(ale kup te lody, serio)
PPPS. Najważniejsza lekcja: "Możesz kupić czołg, ale nie możesz kupić umiejętności prowadzenia go"
Sun Tzu, prawdopodobnie
[KONIEC RAPORTU] Autor: Biedny ale skillowy Status: Trenuje zamiast płacić Portfel: Nadal pełny Lody: Zjedzone

Rozdział 33: Jak nie być "tym gościem" w drużynie

PRZEWODNIK SOCJALNY WORLD OF TANKS (albo jak nie zostać znienawidzonym przez 14 osób w 3 minuty)
POLICYJNY RAPORT O PODEJRZANYCH ZACHOWANIACH:
PODEJRZANY #1: "PAN BLOKUJE-WSZYSTKICH" Przestępstwo: Blokowanie przejazdu w kluczowych momentach Alibi: "Chciałem tylko zaparkować!" Status: Poszukiwany przez 14 graczy Nagroda: 1000 kredytów za złapanie
PODEJRZANY #2: "PAN FRIENDLY-FIRE" Wykroczenie: Strzelanie do sojuszników "przez przypadek" Tłumaczenie: "Myślałem, że to wróg!" Status: Zespół go nienawidzi Kara: Ban na czacie (minimum)
KSIĘGA ZASAD SPOŁECZNYCH:
ROZDZIAŁ 1: PODSTAWOWE ZASADY NIE BĄDŹ:
Tym który blokuje wyjazd z bazy
Tym który pcha innych do wody
Tym który kradnie kille
Po prostu nie bądź niemiły

ROZDZIAŁ 2: ZACHOWANIA SPOŁECZNE

JAK SIĘ ZACHOWYWAĆ:
✓ Pomagaj innym ✓ Informuj o wrogach ✓ Bądź miły na czacie ✓ Dziel się spotami

JAK SIĘ NIE ZACHOWYWAĆ: ✗ Spam na czacie ✗ Trollowanie teamów ✗ Blokowanie przejazdu ✗ Bycie bucem

PORADNIK DOBREGO TEAMMATA:

ZASADA #1: KOMUNIKACJA Dobre: "Spotted B5!" "Potrzebuję pomocy!" "Dzięki za support!"
Złe: "!@#$%^&" "NOOBS!!!" "[OCENZUROWANO]"

CODZIENNY HARMONOGRAM DOBREGO GRACZA:
8:00 - Przywitaj się z teamem 8:01 - Nie blokuj wyjazdu 8:02 - Pomóż potrzebującym 8:03 - Nie kradnij killi [...] 23:59 - Nadal bądź miły

INSTRUKCJA OBSŁUGI TEAMU:

KROK 1: SPOTOWANIE
Zauważ wroga
Oznacz wroga
Nie krzycz "NOOB TEAM" gdy nikt nie strzela

KROK 2: WSPARCIE
Zobacz sojusznika w potrzebie
Pomóż mu
Nie ukradnij mu killa
Otrzymaj podziękowania

NAJCZĘSTSZE WYMÓWKI "TEGO GOŚCIA":
KLASYKA GATUNKU: "Lag!" "To nie ja!" "Mój młodszy brat grał!" "Kot przebiegł po klawiaturze!"

PSYCHOLOGIA DRUŻYNOWA:
JAK CIĘ WIDZĄ: Dobry teammate = Wszyscy cię lubią Zły teammate = Jesteś w czarnej księdze

SKALA POPULARNOŚCI:

POZIOM 1: "BOHATER"
Pomaga wszystkim
Dzieli się spotami
Jest miły na czacie

POZIOM 2: "NEUTRALNY"
Gra swoje
Nikogo nie wkurza

Jest ok
POZIOM 3: "TEN GOŚĆ"
Blokuje
Trolluje
Wszyscy go zgłaszają
PORADNIK NAPRAWY REPUTACJI:
JEŚLI JUŻ JESTEŚ "TYM GOŚCIEM":
Przeproś
Przestań to robić
Bądź miły
Zacznij od nowa
WSKAZÓWKI OD WETERANÓW:
MISTRZ WANG: "Lepiej być lubianym noobem niż znienawidzonym pro"
MISTRZ CHEN: "Drużyna to nie wrogowie, wrogowie są po drugiej stronie"
CODZIENNA CHECKLISTA:
PRZED BITWĄ: ☐ Sprawdź czy nie blokujesz ☐ Bądź gotowy do pomocy ☐ Nastaw się pozytywnie
W TRAKCIE BITWY: ☐ Pomagaj teamowi ☐ Informuj o wrogach ☐ Nie trolluj
KOŃCOWE WSKAZÓWKI:
ZŁOTE ZASADY:
Traktuj innych jak chcesz być traktowany
Nie bądź toksyczny
Pamiętaj że to tylko gra
Baw się dobrze (ale nie kosztem innych)
PS. Jeśli rozpoznajesz się jako "ten gość":
Przemyśl swoje zachowanie
Zmień się
Przeproś
Zacznij od nowa
PPS. Pamiętaj:
Team to nie wrogowie
Razem możecie więcej
Jeden za wszystkich
Wszyscy przeciw tobie jeśli będziesz "tym gościem"

PPPS. Najważniejsza lekcja: "Nie bądź 'tym gościem' - nikt nie lubi 'tego gościa'"
[KONIEC PRZEWODNIKA] Autor: Były "ten gość" Status: Zrehabilitowany Team: Nareszcie go lubi Moral: Zawsze można się zmienić

Rozdział 34: Rozgrywki klanowe dla opornych

OFICJALNY PAMIĘTNIK NOWEGO CZŁONKA KLANU Nazwa klanu: [NOOB] NoobMasters2137 Status: Bardzo początkujący Ambicje: Nieskończone Umiejętności: W trakcie ładowania...
DZIEŃ 1: REKRUTACJA
ROZMOWA KWALIFIKACYJNA: Rekruter: "Jakie masz doświadczenie?" Ja: "Gram od wczoraj!" Rekruter: "Perfect, jesteś przyjęty!" (Chyba są zdesperowani)
PIERWSZE WRAŻENIA:
DISCORD KLANU: Channel #Ogólny:
50 osób krzyczy jednocześnie
Nikt nie wie co się dzieje
Ktoś spamuje memami
Chaos level: maksymalny
STRUKTURA DOWODZENIA:
HIERARCHIA KLANOWA:
Dowódca (ten co wszystko wie)
Zastępcy (ci co udają że wiedzą)
Oficerowie (ci co myślą że wiedzą)
Szeregowi (my, co nic nie wiemy)
DZIEŃ 2: PIERWSZA BITWA KLANOWA
PRZYGOTOWANIA: 19:55 - Zbiórka na Discordzie 19:56 - Połowa klanu śpi 19:57 - Budzenie połowy klanu 19:58 - Panika 19:59 - Większa panika 20:00 - TOTALNA PANIKA
PRZEBIEG BITWY:

PLAN TAKTYCZNY: Dowódca: "Okay, plan jest prosty..." *15 minut wyjaśnień* Ja: "Co mam robić?" Wszyscy: "Po prostu nie ginąć!" RZECZYWISTOŚĆ: 20:01 - Start bitwy 20:02 - Pierwszy czołg zniszczony (mój) 20:03 - Dowódca płacze 20:04 - Wszyscy płaczą
DZIEŃ 3: SZKOLENIE TAKTYCZNE
LEKCJA 1: PODSTAWY Instruktor: "Nie strzelamy do swoich!" Ja: "A jak ich rozpoznać?" Instruktor: *facepalm*
LEKCJA 2: KOMUNIKACJA Prawidłowo: "Wróg na B5!" Nieprawidłowo: "AAAAAAA!!!" Ja: "AAAAAAA!!!" Instruktor: *podwójny facepalm*
SŁOWNIK KLANOWY:
PODSTAWOWE ZWROTY: "Rush B" = Wszyscy giną na B "Focus fire" = Każdy strzela gdzie indziej "Taktyczny odwrót" = UCIEKAĆ! "Reorganizacja" = Totalna porażka
DZIEŃ 4: TAKTYKI ZAAWANSOWANE
FORMACJE BOJOWE:
"Klin"
Jak powinno być: Zorganizowany atak
Jak jest: Chaos w kształcie klina
"Okrążenie"
Teoria: Otaczamy wroga
Praktyka: Wróg otacza nas
DZIEŃ 5: PIERWSZE ZWYCIĘSTWO
RAPORT Z POLA BITWY:
Przeciwnik nie pojawił się na bitwie
Techniczne zwycięstwo
Wielka celebracja
Pierwszy i ostatni sukces
PORADY DLA NOWYCH:
JAK PRZETRWAĆ W KLANIE: ✓ Udawaj że rozumiesz plan ✓ Kiwaj głową podczas odpraw ✓ Mów "tak jest!" na wszystko ✓ Módl się o cud
CZEGO NIE ROBIĆ: ✗ Pytać "co się dzieje?" ✗ Strzelać do swoich ✗ Zasypiać podczas odprawy ✗ Budzić dowódcy gdy jest zły
TYPOWE SYTUACJE:

SCENARIUSZ 1: "WIELKA BITWA" Dowódca: *tłumaczy strategię*
Klan: *gra w Among Us na drugim monitorze* Wróg: *wygrywa*
Wszyscy: "Jak to się stało?!"
SCENARIUSZ 2: "ORGANIZACJA" 19:00 - Zbiórka 19:30 - Nadal zbiórka 20:00 - Ciągle zbiórka 21:00 - Może jutro...
KOŃCOWE REFLEKSJE:
CZEGO SIĘ NAUCZYŁEM:
Klan to jedna wielka rodzina
Dysfunkcyjna, ale rodzina
Głównie dysfunkcyjna
Ale przynajmniej jest wesoło
PS. Jeśli myślisz o dołączeniu do klanu:
Przemyśl to
Przemyśl jeszcze raz
I tak dołącz
Będzie zabawnie!
PPS. Pamiętaj:
Klan to nie tylko gra
To też chaos
Dużo chaosu
Głównie chaos
PPPS. Najważniejsza lekcja: "W klanie nie musisz być najlepszy Musisz tylko być lepszy niż najgorszy (Co zwykle nie jest trudne)"
[KONIEC PAMIĘTNIKA] Status: Nadal w klanie Ranga: Nadal ostatni Nadzieja: Nieumiarkowana Chaos: Nieskończony

Rozdział 35: Jak wykorzystać czat głosowy (i nie dostać bana)

PORADNIK RADIOWCA-AMATORA Status: Nadaje i odbiera (głównie krzyki) Priorytet: Nie zostać wyciszonym
TRANSKRYPCJA Z CZATU GŁOSOWEGO:
Bitwa #1: Pierwsze Nadanie [08:00] Ja: "Cześć drużyno!" [08:01] *cisza* [08:02] *więcej ciszy* [08:03] Ktoś: "MUTE!"
ZASADY KORZYSTANIA Z RADIA:
DOBRE PRAKTYKI:
Mów wyraźnie
Bądź konkretny
Nie krzycz
Nie jedz do mikrofonu
ZŁE PRAKTYKI:
chrup chrup (chipsy)
siorb siorb (napoje)
muzyka w tle
"AAAAAAAAAA!"
PRZEWODNIK PO KOMENDACH:
JAK MÓWIĆ: ✓ "Wróg na B5" ✓ "Potrzebuję wsparcia" ✓ "Uwaga na arty"
JAK NIE MÓWIĆ: ✗ "ŁAAAAA!" ✗ "CO TY ROBISZ NOBIE?!" ✗ *dźwięki płaczu*
SCENARIUSZE KOMUNIKACYJNE:
SYTUACJA 1: SPOTKANIE Z WROGIEM Poprawnie: "Spotted dwa czołgi na A4" Niepoprawnie: "O MATKO RATUNKU POMOCY!"
SYTUACJA 2: PROŚBA O WSPARCIE Poprawnie: "Potrzebuję pomocy na B3" Niepoprawnie: "GDZIE JEST TEAM?! CO WY ROBICIE?!"
SPRZĘT RADIOWY:
NIEZBĘDNIK KOMUNIKACJI:
Mikrofon (nie z ziemniaka)
Słuchawki (działające)
Przyciski Push-to-Talk (BARDZO WAŻNE)
Spokojne nerwy (najtrudniejsze)
TYPOWE AWARIE:

PROBLEM 1: ECHO Przyczyna: Słuchawki jak głośniki Rozwiązanie: Kup nowe Status: Cała drużyna cię nienawidzi
PROBLEM 2: SZUMY Przyczyna: Mikrofon z bazaru Rozwiązanie: Zobacz Problem 1 Status: Drużyna cię jeszcze bardziej nienawidzi

PODRĘCZNIK GŁOSÓW:
RODZAJE GRACZY:
"Krzykacz"
Zawsze głośno
Zawsze dramatycznie
Zawsze wyciszany
"Szeptacz"
Nikt go nie słyszy
Nikt nie wie co mówi
Po co w ogóle mówi?
"DJ"
Puszcza muzykę
Myśli że to fajne
Nie jest fajne

PROTOKÓŁ RADIOWY:
PRZED BITWĄ:
Sprawdź mikrofon
Sprawdź głośność
Sprawdź czy wszyscy cię jeszcze nie wyciszyli
W TRAKCIE BITWY:
Mów tylko gdy trzeba
Nie spam
Nie płacz do mikrofonu

SŁOWNIK RADIOWY:
PODSTAWOWE ZWROTY: "Roger" = Zrozumiałem "Over" = Skończyłem "Out" = Wyłączam się "Help" = AAAAAAA!
ZAAWANSOWANE ZWROTY: "Tango na sześć" = Wróg na B6 "Charlie na osiem" = Nie wiem co mówię "Delta robi Echo" = Totalnie się pogubiłem

PSYCHOLOGIA KOMUNIKACJI:
JAK CIĘ SŁYSZĄ:
Spokojny głos = Szacunek

Krzyk = Mute
Płacz = Double mute
Muzyka = Perma mute
PORADY EKSPERTÓW:
MISTRZ MIKROFONU: "Cisza jest złotem, zwłaszcza na czacie głosowym"
GURU KOMUNIKACJI: "Mów mało, ale mądrze... albo najlepiej wcale"
WSKAZÓWKI NA PRZYSZŁOŚĆ:
JAK NIE DOSTAĆ BANA:
Używaj Push-to-Talk
Nie krzycz
Nie płacz
Nie istniej (najlepiej)
PS. Jeśli już musisz używać mikrofonu:
Bądź miły
Bądź pomocny
Bądź cichy
Najlepiej bądź na mute
PPS. Pamiętaj:
Czat głosowy to przywilej
Nie prawo
Można go stracić
Bardzo łatwo
PPPS. Najważniejsza lekcja: "Lepiej być wyciszonym bohaterem Niż krzyczącym noobem"
[KONIEC TRANSMISJI] Status: Nadal nadaje Drużyna: Nadal wycisza Nadzieja: Coraz mniejsza Mikrofon: Do wymiany

Rozdział 36: Podstawy targetu - kogo zabijać pierwszego

LISTA PRIORYTETÓW BOJOWYCH (znaleziona w kokpicie rozbitego czołgu)
WIADOMOŚĆ GŁÓWNA: "JAK NIE STRZELAĆ DO WSZYSTKIEGO CO SIĘ RUSZA" (tak, to o tobie mówimy)
RANKING CELÓW:
POZIOM "SUPER WAŻNE":
Arty wroga (jeśli jakimś cudem ją widzisz)
Lekkie czołgi ze spotami (przestań uciekać!)
Czołgi z 1 HP (łatwe fragi to dobre fragi)
POZIOM "MOŻE POCZEKAĆ": 4. Średnie czołgi 5. Ciężkie czołgi 6. Ten krzak co się dziwnie rusza
POZIOM "NAWET NIE PRÓBUJ": 7. Maus z przodu 8. Cokolwiek z lepszym pancerzem 9. Własny team (serio, przestań)
SCENARIUSZE BOJOWE:
SYTUACJA #1: "POLE PEŁNE WROGÓW" Co widzisz:
5 czołgów ciężkich
3 średnie
2 lekkie
1 arty
Co robisz: ✘ Strzelasz do wszystkiego ✘ Panikujesz i uciekasz
✓ Celujesz w lekkie (jeśli potrafisz) ✓ Modlisz się
SYTUACJA #2: "JEDEN NA JEDEN" Ty: Polski czołg On: Większy czołg Rozwiązanie: Alt + F4
PORADNIK WYBORU CELU:
KROK 1: OCENA SYTUACJI Zadaj sobie pytania:
Czy mogę go przebić?
Czy on może mnie zabić?
Czy to w ogóle wróg?
Dlaczego jeszcze żyję?
KROK 2: ANALIZA CELU Sprawdź:
Ile ma HP
Jaki ma pancerz
Czy patrzy w twoją stronę
Gdzie jest najbliższy krzak

KROK 3: DECYZJA Opcje: A) Strzelaj B) Uciekaj C) Płacz D) Wszystko naraz
MATEMATYKA TARGETOWANIA:
PODSTAWOWE RÓWNANIA: Twoje szanse = Jego HP ÷ Twoje obrażenia Twoje przeżycie = 0 (zawsze)
ZŁOTE ZASADY:
REGUŁA #1: "ŁATWE FRAGI"
Strzelaj w słabych
Dobijaj rannych
Unikaj silnych
Przeżyj (opcjonalne)
REGUŁA #2: "ZDROWY ROZSĄDEK"
Nie atakuj Mausa od przodu
Nie strzelaj do własnego teamu
Nie prowokuj artylerii
Nie bądź bohaterem
NAJCZĘSTSZE BŁĘDY:
BŁĄD #1: "STRZELAM WE WSZYSTKO" Skutek: Zero penetracji Wynik: Zero kredytów Status: Zero szacunku
BŁĄD #2: "YOLO SOLO" Plan: Zaatakować sam Rezultat: Szybka śmierć Komentarz teamu: "XD"
WSKAZÓWKI OD MISTRZÓW:
MISTRZ CELOWANIA: "Cel to nie wszystko co się rusza!"
MISTRZ TAKTYKI: "Czasem najlepszy target to żaden target!"
PRAKTYCZNE PORADY:
CO ROBIĆ: ✓ Wybierać słabsze cele ✓ Pomagać teamowi ✓ Myśleć przed strzelaniem
CZEGO NIE ROBIĆ: ✗ Strzelać na oślep ✗ Atakować silniejszych ✗ Być bohaterem ✗ Grać po pijaku
QUIZ SPRAWDZAJĄCY:
P: Co robić gdy widzisz Mausa? a) Atakować od przodu b) Płakać c) Uciekać d) B i C
P: Kiedy strzelać do arty? a) Zawsze b) Natychmiast c) Już d) Wszystkie odpowiedzi prawidłowe
KOŃCOWE PRZEMYŚLENIA:
ZŁOTE MYŚLI:
Nie każdy cel jest dobry

Nie każdy strzał jest mądry
Nie każda walka jest twoja
Nie każdy krzak to wróg
PS. Jeśli nadal strzelasz do wszystkiego:
Przestań
Serio, przestań
Naucz się targetować
Albo graj artylerią
PPS. Pamiętaj:
Target to nie Pokemon
Nie musisz złapać wszystkich
Niektórych lepiej zostawić
Większość lepiej zostawić
PPPS. Najważniejsza lekcja: "Lepiej trafić raz dobrze Niż sto razy w pancerz"
[KONIEC LISTY] Status: Nadal szuka celów Skuteczność: W trakcie poprawy Mechanik: Nadal płacze Team: Nadal nie rozumie

Rozdział 37: Mistrzowskie uniki - jak tańczyć czołgiem

DZIENNIK TRENINGOWY SZKOŁY TAŃCA CZOŁGOWEGO "Od niezdarnego czołgu do baletmistrza pola bitwy"
LEKCJA 1: PODSTAWOWE KROKI
DZISIEJSZY PROGRAM: 06:00 - Rozgrzewka gąsienic 06:15 - Pierwsze piruety 06:16 - Pierwsza wywrotka 06:17 - Wzywanie mechanika
ĆWICZENIA POCZĄTKOWE:
KROK 1: "CZOŁGOWY WALC"
W lewo, w prawo
Do przodu, do tyłu
Ups, w ścianę

Restart
KROK 2: "POLKA PANCERNA"
Podskoki na nierównościach
Obroty wieżyczką
Przypadkowe salto
Mechanik płacze
LEKCJA 2: STYLE TANECZNE
STYL #1: "ZYGZAK ZWYCIĘZCY" Wykonanie:
W lewo
W prawo
SZYBCIEJ!
Modlitwa o przeżycie
STYL #2: "PANCERNY TWIST" Kroki:
Obrót w miejscu
Szybki skok w bok
Paniczna ucieczka
Powrót do garażu
DZIENNIK POSTĘPÓW:
DZIEŃ 1: Próba: Podstawowy unik Wynik: Wpadłem na drzewo
Ocena: Drzewo wygrało
DZIEŃ 2: Próba: Zaawansowany unik Wynik: Wpadłem na DWA
drzewa Ocena: Las wygrał
CHOREOGRAFIA PRZETRWANIA:
UKŁAD #1: "UCIECZKA PRZED ARTY" Sekwencja:
Bieg zygzakiem
Przypadkowe skręty
Paniczna improwizacja
Modlitwa o pudło
UKŁAD #2: "TANIEC Z WILKAMI" Steps:
Unik w lewo
Unik w prawo
Krzyk "POMOCY!"
Strategiczny odwrót
PODRĘCZNIK RUCHÓW:
RUCH #1: "WIRUJĄCA GĄSIENICA" Jak wykonać: ✓ Szybki obrót
✓ Nagła zmiana kierunku ✗ Wywrotka na bok ✗ Dachowanie

RUCH #2: "BALETOWY SKOK" Instrukcja: ✓ Najazd na wzgórze ✓ Delikatny podskok ✗ Lot do góry nogami ✗ Test systemu przeciwpancernego

OCENY SĘDZIÓW:

SĘDZIA 1 (Mechanik): "Proszę, przestań..."

SĘDZIA 2 (Team): "Co on wyprawia?!"

SĘDZIA 3 (Przeciwnik): "XD"

WSKAZÓWKI OD MISTRZÓW:

MISTRZ BALETU PANCERNEGO: "Tańcz jakby nikt nie patrzył!" (ale wszyscy patrzą i się śmieją)

MISTRZ UNIKU: "Bądź jak motyl!" (który wpadł w ścianę)

RANKING STYLÓW:

STYL: "SPANIKOWANY NOOB" Skuteczność: 10/10 Gracja: -5/10 Przeżywalność: LOL

STYL: "PROFESJONALNY TANCERZ" Skuteczność: 2/10 Gracja: 8/10 Kończy i tak w garażu: 10/10

PORADY PRAKTYCZNE:

JAK TRENOWAĆ:

Znajdź pustą mapę

Upewnij się że nikt nie patrzy

Tańcz!

Zaprzeczaj wszystkiemu

CZEGO UNIKAĆ:

Ścian

Drzew

Wody

Wszystkiego co się rusza

Wszystkiego co się nie rusza

MUZYKA DO TRENINGU:

PLAYLISTA CZOŁGISTY:

"Can't Touch This"

"Stayin' Alive"

"Running in the 90s"

"I Will Survive" (może)

PS. Jeśli nadal nie umiesz unikać:

To normalne

Nikt nie umie

Wszyscy udają
Po prostu biegaj i krzycz
PPS. Pamiętaj:
Taniec to sztuka
Uniki to przetrwanie
Połącz je razem
I tak zginiesz, ale z gracją!
PPPS. Najważniejsza lekcja: "Nie ważne jak tańczysz, Ważne że jeszcze żyjesz!"
[KONIEC DZIENNIKA] Status: Nadal tańczy Mechanik: Nadal płacze Styl: Nadal tragiczny Przeżywalność: W trakcie obliczania

Rozdział 38: Jak nie dać się zatrollować

NIEZWYKLE TAJNY RAPORT ANTY-TROLLOWY Klasyfikacja: Śmieszne (ale prawdziwe) Status: W trakcie trollowania
ANALIZA PRZYPADKÓW:
CASE STUDY #1: "ZABLOKOWANY W BAZIE" Sytuacja: Wielki czołg blokuje wyjazd Standardowa reakcja: Krzyk i płacz Lepsza reakcja: Push-to-talk wyłączony Najlepsza reakcja: Alt + Tab i Netflix
TYPOLOGIA TROLLI:
TROLL #1: "PAN BLOKADA" Habitat: Wyjazd z bazy Cel życiowy: Irytować innych Słabe punkty: Brak życia towarzyskiego
TROLL #2: "PUSH MASTER" Specjalność: Spychanie z klifu Ulubione miejsca: Wysokie punkty mapy Życiowe osiągnięcie: 100 zepchnięć
TROLL #3: "CZATOWY WOJOWNIK" Broń: Capslock Taktyka: Spam na czacie Słabość: Przycisk "mute"
PODRĘCZNIK SAMOOBRONY:

TECHNIKA #1: "SPOKÓJ ZENOWY" Krok 1: Weź głęboki oddech Krok 2: Policz do 10 Krok 3: Policz do 100 Krok 4: Może lepiej do 1000
TECHNIKA #2: "KONTRATAK MEMICZNY" Zasada: Odpowiadaj memami Skuteczność: 60% trollów się gubi Ryzyko: Możesz zostać królem memów
CODZIENNY ROZKŁAD TROLLI:
08:00 - Pierwsze trolle wstają 09:00 - Blokada bazy 10:00 - Spam na czacie 11:00 - Spychanie z klifów 12:00 - Przerwa na energetyka [...] 23:59 - Nadal trollują
PORADNIK PRZETRWANIA:
JAK REAGOWAĆ: ✓ Ignoruj ✓ Śmiej się ✓ Rób screeny ✓ Dodaj do kolekcji
CZEGO NIE ROBIĆ: ✗ Nie krzycz ✗ Nie płacz ✗ Nie błagaj ✗ Nie karm trolla
SŁOWNIK TROLLOWY:
PODSTAWOWE ZWROTY: "EZ" = Próba sprowokowania "NOOB" = Standardowe powitanie "L2P" = Znak przyjaźni "GIT GUD" = Propozycja współpracy
PSYCHOLOGIA TROLLA:
FAZY TROLLOWANIA:
Prowokacja
Oczekiwanie
Radość z reakcji
Powtórka
PRZECIWDZIAŁANIE:
Ignorancja
Spokój
Memy
Netflix
SYSTEM OBRONY:
POZIOM 1: "NOWICJUSZ"
Łatwo się denerwuje
Odpowiada na prowokacje
Płacze w poduszkę
POZIOM 2: "DOŚWIADCZONY"
Ignoruje trolle

Czasem się śmieje
Rzadko płacze
POZIOM 3: "MISTRZ"
Sam zostaje trollem
Ale dobrym trollem
Chaotic Good
WSKAZÓWKI EKSPERTÓW:
MISTRZ ZEN: "Troll karmi się twoją złością"
GURU SPOKOJU: "Najlepsza reakcja to brak reakcji"
PRAKTYCZNE PORADY:
ZESTAW PRZETRWANIA:
Przycisk Mute
Grube skóra
Poczucie humoru
Zapasowy monitor
PLAN AWARYJNY:
Alt + Tab
YouTube
Poczekaj aż się znudzą
Profit!
KOŃCOWE WSKAZÓWKI:
ZŁOTE ZASADY:
Troll to też człowiek (prawdopodobnie)
Nie karm trolla (nawet jeśli prosi)
Śmiech to najlepsza broń (oprócz bana)
PS. Jeśli zostałeś zatrollowany:
To nie koniec świata
Jutro będzie nowy troll
I pojutrze też
Przyzwyczaj się
PPS. Pamiętaj:
Trolle były
Trolle są
Trolle będą
Deal with it
PPPS. Najważniejsza lekcja: "Jeśli nie możesz ich pokonać,
Zignoruj ich i włącz Netflixa"

[KONIEC RAPORTU] Status: Trwa trollowanie Skuteczność: W trakcie badania Poziom irytacji: Maksymalny Netflix: Włączony

Rozdział 39: Survivability - sztuka przetrwania

PODRĘCZNIK OSTATNIEJ NADZIEI (znaleziony pod stertą wybuchniętych czołgów)
DROGI CZYTELNIKU! Jeśli to czytasz, prawdopodobnie jesteś: a) W płonącym czołgu b) W rozbitym czołgu c) W drodze do garażu d) Wszystkie powyższe
KURS PRZETRWANIA: DZIEŃ PIERWSZY
PORANNY BRIEFING: Instruktor: "Dziś nauczymy się nie ginąć!"
Uczniowie: "Niemożliwe!" Instruktor: "Właśnie dlatego tu jesteście..."
PODSTAWOWE ZASADY PRZETRWANIA:
REGUŁA #1: "ZDROWIE TO PODSTAWA"
HP to nie zapas na zimę
Pancerz to nie ozdoba
Apteczka to nie cukierek
Gaśnica to nie dezodorant
REGUŁA #2: "POZYCJONOWANIE" ✓ Za skałą ✓ Za wzgórzem ✓ Za wrakiem ✗ Na otwartej przestrzeni (serio?)
DZIENNIK TESTÓW TERENOWYCH:
TEST #1: "SZTUKA CHOWANIA" Cel: Schować 60-tonowy czołg za małym krzakiem Wynik: Krzak się poddał Status: Szukamy większego krzaka
TEST #2: "PANCERZ VS POCISKI" Hipoteza: Pancerz zatrzyma wszystko Rezultat: Nie zatrzymał Wnioski: Potrzebujemy więcej pancerza
PORADNIK KĄTÓW:
KĄTY NACHYLENIA: 0° = Zły pomysł 30° = Lepszy pomysł 60° = Niezły pomysł 90° = Dlaczego się wywróciłeś?
MATEMATYKA PRZETRWANIA:

PODSTAWOWE RÓWNANIA: Twoje HP - Obrażenia = Szansa na przeżycie Pancerz × Kąt = Nadzieja RNG = Rzeczywistość
CODZIENNY ROZKŁAD ZAJĘĆ:
8:00 - Pobudka i sprawdzenie czy żyjesz 8:15 - Nauka chowania się 8:30 - Pierwsza śmierć 8:45 - Respawn i próba numer 2 9:00 - Nadal martwy
SZKOŁA PRZETRWANIA:
LEKCJA 1: "PODSTAWY" Temat: Jak nie zginąć w pierwszej minucie Status: Większość nie dotrwała do końca lekcji
LEKCJA 2: "ZAAWANSOWANE" Temat: Jak nie zginąć w drugiej minucie Status: Nikt nie dożył do tej lekcji
PODRĘCZNIK WYMÓWEK:
GDY GINIESZ: "To lag!" "Hackerzy!" "Zespół nie pomógł!" "RNG mnie nie lubi!"
STRATEGIE PRZETRWANIA:
PLAN A: "AKTYWNA OBRONA"
Znajdź dobrą pozycję
Wykorzystaj teren
Walcz mądrze
Wróć do garażu
PLAN B: "PASYWNA OBRONA"
Schowaj się
Siedź cicho
Módl się
I tak wrócisz do garażu
SPRZĘT PRZETRWANIA:
NIEZBĘDNIK:
Pancerz (posklejany taśmą)
Apteczki (dużo)
Gaśnice (jeszcze więcej)
Plan ucieczki (najważniejsze)
PSYCHOLOGIA PRZETRWANIA:
FAZY AKCEPTACJI:
"Jestem niezniszczalny!"
"Może jednak nie..."
"Pomocy?"
"Do zobaczenia w garażu"

WSKAZÓWKI OD WETERANÓW:
MISTRZ PRZETRWANIA: "Nie ważne ile masz HP, ważne jak szybko umiesz uciekać"
GURU DEFENSYWY: "Najlepszą obroną jest... dobra kryjówka"
PRAKTYCZNE PORADY:
JAK PRZEŻYĆ: ✓ Myśl zanim wyjedziesz ✓ Sprawdzaj mapę ✓ Unikaj otwartych przestrzeni ✓ Módl się do RNGesusa
CZEGO NIE ROBIĆ: ✗ YOLO ✗ Rush B ✗ "Patrzcie jaki jestem odważny!" ✗ Wszystko powyższe na raz
PS. Jeśli nadal giniesz:
To normalne
Wszyscy giną
Niektórzy częściej
Ty najczęściej
PPS. Pamiętaj:
Przetrwanie to sztuka
Śmierć to pewność
Garaż to dom
RNG to życie
PPPS. Najważniejsza lekcja: "Nie ważne ile razy zginiesz, ważne ile razy się odrodzisz"
[KONIEC PODRĘCZNIKA] Status: Martwy HP: 0 Lokalizacja: Garaż Nadzieja: Respawn za 3... 2... 1...

Rozdział 40: Końcowa mądrość - jak się nie zdenerwować grając w WoT

PORADNIK KONTROLI GNIEWU Status: Bardzo wkurzony Poziom frustracji: MAX Autor: Terapeuta czołgowy

TYPOWY DZIEŃ GRACZA:

08:00 - POBUDKA Myśli: "Dziś będzie dobry dzień!" Rzeczywistość: Hahahaha!

08:15 - PIERWSZA BITWA Plan: Epickie zwycięstwo Wynik: Epicka porażka Status: Pierwsza fala wkurzenia

SKALA WKURZENIA:

POZIOM 1: "LEKKA IRYTACJA" Objawy:
Ciche wzdychanie
Przewracanie oczami
Szeptane "why?" Leczenie: Głęboki oddech

POZIOM 2: "ŚREDNIE ZDENERWOWANIE" Objawy:
Głośniejsze wzdychanie
Tupanie nogą
Mamrotanie pod nosem Leczenie: Przerwa na herbatę

POZIOM 3: "FULL RAGE" Objawy:
Krzyk
Rzucanie myszką
Caps lock na czacie Leczenie: Alt + F4

TECHNIKI USPOKAJANIA:

METODA #1: "ZEN MASTER"
Zamknij oczy
Policz do 10
Otwórz oczy
Zobacz że zginąłeś
Wróć do punktu 1

METODA #2: "ODDYCHANIE" Wdech: "To tylko gra" Wydech: "DLACZEGO?!" Powtórz: Do skutku

PORADY PSYCHOLOGA:

DOKTOR SPOKÓJ RADZI: "Kiedy czujesz że zaraz wybuchniesz:
Odejdź od komputera
Idź dalej
Jeszcze dalej

Może do innego miasta?"
ĆWICZENIA MENTALNE:
POZYTYWNE AFIRMACJE: "Jestem spokojny jak czołg" "RNG mnie kocha" "Arty mnie nie widzi" (Wszystko to kłamstwa, ale próbuj)
ANTYSTRESOWY NIEZBĘDNIK:
CO MIEĆ POD RĘKĄ: ✓ Stresową piłeczkę ✓ Zapasową klawiaturę ✓ Plan ucieczki z kraju ✓ Numer do terapeuty
SŁOWNIK USPOKAJAJĄCY:
ZAMIAST: "TY #@$%^&!" POWIEDZ: "Interesujący ruch taktyczny!"
ZAMIAST: "NOOB TEAM!" POWIEDZ: "Kreatywna strategia zespołowa!"
DZIENNIK TERAPII:
TYDZIEŃ 1: Poniedziałek: Próba spokojnej gry Wtorek: Nadal próba Środa: AAAAAAAA!!! Czwartek-Niedziela: Terapia
TYDZIEŃ 2: Status: Reset i powtórka
RECEPTY NA SPOKÓJ:
RECEPTA #1: "CHILL PILL" Składniki:
Szczypta cierpliwości
Kropla spokoju
Tona nadziei Sposób użycia: Przed każdą bitwą
RECEPTA #2: "ANTI-RAGE" Składniki:
Zero oczekiwań
Dużo dystansu
Garść memów Dawkowanie: Według potrzeb
WSKAZÓWKI OD MISTRZÓW:
MISTRZ SPOKOJU: "Nie ważne ile razy przegrasz, ważne ile klawiatur zniszczysz"
GURU CIERPLIWOŚCI: "Wdech, wydech, Alt + F4"
CODZIENNA CHECKLISTA:
PRZED GRĄ: ☐ Sprawdź poziom cierpliwości ☐ Przygotuj wymówki ☐ Zabezpiecz sprzęt ☐ Napisz testament
W TRAKCIE GRY: ☐ Kontroluj oddech ☐ Licz do 10 ☐ Licz do 100 ☐ Licz straty
KOŃCOWE PORADY:
JAK ZACHOWAĆ SPOKÓJ:

Akceptuj porażki
Śmiej się z błędów
Nie czytaj czatu
Najlepiej w ogóle nie graj
PS. Jeśli nadal się denerwujesz:
To normalne
Wszyscy się denerwują
Niektórzy bardziej
Ty najbardziej
PPS. Pamiętaj:
To tylko gra
Życie toczy się dalej
Jest jeszcze Minecraft
I Stardew Valley
PPPS. Najważniejsza lekcja: "Nie ważne ile razy się wkurzysz, ważne ile klawiatur ci zostało"
[KONIEC PORADNIKA] Status: Wkurzony Klawiatura: Zniszczona Mysz: W ścianie Terapeuta: Na speed dialu

Rozdział 41: Jak stać się legendą World of Tanks (albo przynajmniej nie być memem)

TAJNY PRZEWODNIK PRZYSZŁEJ LEGENDY Poziom tajności: TOP SECRET Status: W drodze do sławy (albo wstydu)
KROKI DO ZOSTANIA LEGENDĄ:
KROK 1: WYBIERZ SWOJĄ ŚCIEŻKĘ A) Droga Bohatera:
Epickie akcje
Niesamowite strzały
Spektakularne zwycięstwa
B) Droga Mema:
Epickie wpadki

Niesamowite fails
Spektakularne porażki (Spoiler: I tak skończysz na B)
KREOWANIE WIZERUNKU:
NAZWA UŻYTKOWNIKA: ✓ Coś epickiego
SuperMegaCzołgista2025
PancernyMistrz
TankLegend
✗ Nie wybieraj:
noob123
mamusiaCzołgista
przyjacielKrzaków2137
STATYSTYKI LEGENDY:
WYMAGANIA MINIMALNE:
Winrate: Powyżej 2%
Celność: Czasami trafia
Przeżywalność: Dłużej niż 2 minuty
Szacunek zespołu: Error 404
DZIENNIK PRZYSZŁEJ LEGENDY:
DZIEŃ 1: Plan: Zostać legendą Rzeczywistość: Zostać memem
Status: W trakcie realizacji
DZIEŃ 2: Plan: Epicka akcja Wynik: Epicka wpadka Popularność: Rośnie (ale nie tak jak planowano)
PORADNIK SŁAWY:
JAK ZOSTAĆ ZAPAMIĘTANYM:
Sposób Pozytywny:
Wygrywaj bitwy
Pomagaj zespołowi
Bądź bohaterem
Sposób Realistyczny:
Wpadnij do wody
Przewróć się na płaskim terenie
Zostań memem na forum
RANKING LEGENDARNYCH AKCJI:
TOP 5 EPICKICH MOMENTÓW:
Solo vs 15 wrogów (Przeżywalność: 0.001%)
Strzał przez pół mapy (Celność: przypadkowa)
Drift czołgiem (Skuteczność: wywrotka)

Skok z klifu (Status: nieplanowany)
Rush na baze (Wynik: przewidywalny)
WSKAZÓWKI OD ISTNIEJĄCYCH LEGEND:
MISTRZ PANCERNY: "Nie ważne czy wygrywasz czy przegrywasz, ważne żeby ktoś to nagrał!"
GURU CZOŁGÓW: "Lepiej być śmiesznym memem niż nijaką legendą!"
CODZIENNY TRENING:
HARMONOGRAM: 06:00 - Próba epickich akcji 06:01 - Pierwsza porażka 06:02 - Kolejna próba 06:03 - Kolejna porażka [...] 23:59 - Nadal próbuje
PRZEPIS NA LEGENDĘ:
SKŁADNIKI:
Szczypta talentu
Garść szczęścia
Tona determinacji
Zero wstydu
SPOSÓB PRZYRZĄDZENIA:
Wymieszaj składniki
Dodaj trochę szaleństwa
Piecz w ogniu walki
Podawaj z sosem memowym
PSYCHOLOGIA SŁAWY:
ETAPY ZOSTANIA LEGENDĄ:
Entuzjazm
Próby
Porażki
Akceptacja statusu mema
NIEZBĘDNIK LEGENDY:
CO MUSISZ MIEĆ: ✓ Program do nagrywania ✓ Konto na YouTube ✓ Grubą skórę ✓ Plan B (i C, D, E...)
KOŃCOWE WSKAZÓWKI:
ZŁOTE MYŚLI:
Legenda nie musi być dobra
Musi być zapamiętana
Nieważne jak
Naprawdę, NIEWAŻNE JAK

PS. Jeśli nie wyszło zostanie legendą:
Zawsze możesz być memem
Memy żyją dłużej
Są bardziej lubiane
I przynajmniej ludzie się śmieją
PPS. Pamiętaj:
Sława jest ulotna
Memy są wieczne
Wstyd pozostaje
Ale przynajmniej jest zabawnie!
PPPS. Najważniejsza lekcja: "Nie ważne czy jesteś dobry czy zły, ważne żeby byli świadkowie!"
[KONIEC PRZEWODNIKA] Status: W drodze do sławy Kierunek: Prawdopodobnie memy Świadkowie: Cały serwer YouTube: Gotowy do nagrywania

Rozdział 42: Po co nam statystyki, czyli liczby które udają, że coś znaczą

RAPORT Z ANALIZY STATYSTYCZNEJ Kod projektu: LICZBY-GO-BRRR Status: Nikt nic nie rozumie
MATEMATYKA DLA OPORNYCH:
PODSTAWOWE WZORY: Winrate = (wygrane/wszystkie bitwy) × 100% albo prościej: Winrate = ile razy mama pozwoliła grać ÷ ile razy tata wyłączył komputer
STATYSTYCZNE MĄDROŚCI:
CO MÓWIĄ LICZBY: Winrate 55%: "Jestem pro!" Winrate 45%: "To wina teamu!" Winrate 35%: "Lag..." Winrate 25%: "Gra jest zepsuta!"
ANALIZA DANYCH:

WYKRES 1: "ZALEŻNOŚĆ SKILLA OD GODZIN GRY" Oś X: Czas spędzony w grze Oś Y: Umiejętności Wniosek: Brak korelacji
WYKRES 2: "ILOŚĆ NARZEKANIA VS WYNIKI" Wynik: Silna korelacja ujemna (Im gorsze statystyki, tym więcej narzekania)
SŁOWNIK STATYSTYCZNY:
WN8 = Magiczna liczba która: a) Wszyscy o nią pytają b) Nikt jej nie rozumie c) Każdy udaje że wie co znaczy
EKSPERYMENT TERENOWY:
CEL BADANIA: "Czy statystyki mają znaczenie?"
METODOLOGIA:
Zbierz dane
Przeanalizuj dane
Pogub się w danych
Udawaj że rozumiesz
WYNIKI EKSPERYMENTU:
GRUPA A: "GRACZE BEZ STATYSTYK"
Bawią się dobrze
Nie przejmują się
Żyją szczęśliwie
GRUPA B: "GRACZE ZE STATYSTYKAMI"
Ciągle sprawdzają liczby
Stresują się
Potrzebują terapii
NAUKOWE WNIOSKI:
HIPOTEZA 1: "Lepsze statystyki = lepszy gracz" Status: Niepotwierdzona Powód: Za dużo zmiennych (głównie RNG i lag)
BADANIE TERENOWE:
OBSERWACJA #1: "DOBRY GRACZ" Statystyki: Świetne Rzeczywistość: Nadal ginie Wniosek: Liczby kłamią
OBSERWACJA #2: "ZŁY GRACZ" Statystyki: Słabe Rzeczywistość: Czasem wygrywa Wniosek: Liczby nadal kłamią
PORADNIK INTERPRETACJI:
JAK CZYTAĆ STATYSTYKI:
Sprawdź swoje wyniki
Nie rozumiej ich
Udawaj że rozumiesz

Chwal się najlepszymi
JAK IGNOROWAĆ STATYSTYKI:
Nie patrz na nie
Serio, nie patrz
Graj dla zabawy
Bądź szczęśliwy
TYPOWE WYMÓWKI:
DLACZEGO STATYSTYKI SĄ ZŁE:
"To nowy account!"
"Młodszy brat grał!"
"Pies zjadł moje skille!"
"Komputer laguje!"
PSYCHOLOGIA STATYSTYK:
FAZY AKCEPTACJI:
Zaprzeczenie: "Te liczby kłamią!"
Złość: "To niemożliwe!"
Targowanie: "Jeszcze się poprawię..."
Depresja: "Jestem beznadziejny..."
Akceptacja: "Kogo to obchodzi?"
KOŃCOWE WNIOSKI:
CO NAPRAWDĘ MA ZNACZENIE: ✓ Dobra zabawa ✓ Śmiech z failów ✓ Memy z gry ✓ Pizza podczas grania
CO NIE MA ZNACZENIA: ✗ WN8 ✗ Winrate ✗ Wszystkie inne liczby ✗ Opinie tryhardów
PS. Jeśli przejmujesz się statystykami:
Przestań
Serio, przestań
Idź się pobaw
Życie jest za krótkie
PPS. Pamiętaj:
Liczby to tylko liczby
Zabawa to zabawa
Statystyki nie dają szczęścia
Pizza tak
PPPS. Najważniejsza lekcja: "Nie ważne jakie masz statystyki, ważne ile masz memów"

[KONIEC RAPORTU] Status: Liczby nadal nie mają sensu Poziom zrozumienia: 0 Poziom zabawy: MAX Pizza: Zamówiona

Printed in Great Britain
by Amazon

b54e8158-2656-46e1-9d86-b7ef1f00665eR01